# Libertad:

# El Evangelio de Dios

**JAIME ADAMS**

**con**

**Diego Cardona**

El Estandarte de la Verdad

3 Murrayfield Road
Edinburgh, EH12 6EL
Gran Bretaña

P.O. Box 621
Carlisle, Pennsylvania
17013 EEUU

E-mail - U.K.: info@banneroftruth.co.uk;
E-mail - U.S.: info@banneroftruth.org
Websites: www.banneroftruth.co.uk; www.banneroftruth.org



ISBN: 978-1-84871-104-4



Agradecimientos especiales a Germán Arciniegas, el gran periodista, estadista y autor colombiano, por la información sobre los últimos días de Bolívar, y a Francisco Lacueva por las citas sobre la mariología. También presentamos nuestra gratitud a todos los que de alguna manera han contribuido en la preparación de este libro.

El arte de la caratula en la versión colombiana es del Monumento a los Lanceros, erigido por el artista colombiano Rodrigo Arenas Betancur en el departamento de Boyacá, Colombia como homenaje a la batalla del Pantano de Vargas ocurrida el 25 de Junio de 1819. Es una escultura de bronce, acero y concreto que mide 100 metros de largo por 33 de alto. Pesa aproximadamente 235 toneladas.

Para escribir directamente a los autores:

grizzlyadams@cstonemesa.org
diegocardonaq@gmail.com

*Printed in Colombia*

## Recomendaciones

"¡¡Que atractivo sonido y efecto, tiene en el ser humano, la sola proclamación de ésta palabra--**Libertad**!! Trae al pensamiento, fragor, ruido de batallas, duras luchas, gritos de dolor, gritos de victoria.

Haber leído éste libro "Libertad, el Evangelio de Dios", lleva a reflexionar sobre el plan de Dios, ideado en la eternidad pasada, y su realización final en el Monte Calvario, donde después de la batalla, el dolor, y el grito de triunfo: "Consumado es," hacen elevar el ánimo, hacia la refulgente luz donde nada ahoga, donde no hay cadenas, donde hay gozo de libertad, suelto todo el ser de opresiones.

Aquí el Dr. Jaime Adams, ricamente ilustra con parte de la cultura latinoamericana las ansias y búsquedas de los hombres, y utiliza con gran calor, la Palabra de Dios, para quebrar mitos y prejuicios, y conducer al lector, a través de un iluminado camino, fácil y sencillo, hacia la Fuente profunda de la Salvación.

**Pastor Jorge Molina**, Iglesia Monte de Luz, Villa Carlos Paz, Argentina

"...no solo para aquellos que buscan la salvación y la paz con Dios, sino también un llamado de atención para las Iglesias de nuestros tiempos para recobrar la veracidad del mensaje bíblico en su más alto grado de pureza, de la libertad verdadera que podemos encontrar sólo en Cristo, un Evangelio genuino alejado de las prácticas sicológicas y metodologías pragmáticas que han caracterizado estos últimos tiempos."

**Andrés E. Ruiz Vera**, Gracia Soberana,
Viña del Mar, Chile

Libertad es el anhelo trunco universal de nuestro tiempo; es el sueño bloqueado de los países tercermundistas y, en particular, de nuestra adolorida América Latina. Ensayos y fracasos se han sucedido mientras el tiempo sigue implacable su rumbo.

Jaime Adams plantea en este libro no una solución más, ni siquiera una alternative para encarar el problema, sino que, de manera clara, sencilla y profunda (una combinación difícil de encontrar), presenta la única solución posible al problema esencial del hombre: la Libertad. Esta es una obra llamada a llenar el tremendo vacio de exposición escrituraria que existe en el mundo del cristianismo de hispanoamérica.

**Pastor Jorge Zamora** (fallecido),
Profesor de Fisica, Bogota, Colombia

# Contenido

# Introducción

*"La libertad es el único objetivo digno del sacrificio de la vida de los hombres."*
*Simón Bolívar*

Usted tiene en sus manos un libro que, por ser escrito desde América Latina, resalta la búsqueda de la libertad. En los últimos tiempos, habida cuenta de múltiples celebraciones de independencia en países americanos, la libertad hallada o no, apropiada o no, es un tema recurrente.

Los himnos nacionales de nuestros países conllevan la libertad como hecho celebrado y como búsqueda. Por un lado, como bellamente escribe Rafael Núñez en el himno nacional colombiano *"Cesó la horrible noche. La libertad sublime derrama las auroras de su invencible luz"*, dando eco a la victoria conseguida por quienes se opusieron a todo costo contra la tiranía dominante. Pero por otro lado, el mismo himno colombiano, declara que no es suficiente la independencia: *"La independencia sola el gran clamor no acalla: Si el sol alumbra a todos, Justicia es libertad."* Es que muy poco tiempo después de que la euforia independentista se contagió por todo el mundo americano, nuestros antecesores descubrieron que el desligarse de la opresión colonizadora en la Nueva Granada les pondría en contacto con la verdadera pregunta: ¿Para qué la libertad?

En Colombia la rivalidad entre las provincias, motivada por las ambiciones regionales y la avaricia, dieron origen al período conocido como la Patria Boba, comprendido entre 1810 y 1816. Este período fue caracterizado por la inestabilidad política y varias guerras regionales y civiles. Demostró hasta la saciedad que los seres humanos confundimos libertad "de" con libertad "para". La sucesión de presidentes que no permanecían en el poder más que un año, y diversas luchas intestinas que amenazaron con la guerra civil, son suficientes evidencias: El hombre necesita ser libre de sus opresiones internas y externas, pero también necesita ser encausado hacia una nueva forma de vida. ¡La vida libre no es solo vida sin opresiones externas! Tal vez por esto el escudo nacional colombiano, como únicas palabras, declara: Libertad y Orden. Estas hacen eco del "hombre de las leyes", el general Francisco de Paula Santander, quien dijo que *"las armas os han dado la independencia, las leyes os darán la libertad"*.

Si uno examina la historia de otros países latinoamericanos, notará que las historias son parecidas aunque con distintas fechas y diferentes actores. Así que, después de 200 años de vivir los efectos de la "independencia", no podemos menos que concluir que hemos confundido la libertad "de" con la libertad "para".

Sin duda nos unimos a las palabras de Simón Bolívar en cuanto a que *"Más cuesta mantener el equilibrio de la libertad que soportar el peso de la tiranía."* En este sentido celebramos la autodeterminación ganada por los próceres de la independencia en tantas naciones del continente. Pero también queremos anunciar que hay algo más--algo que las naciones americanas y todo el mundo necesita conocer y vivir--la verdadera y completa libertad que traiga consigo la nueva vida.

Eso no es otra cosa que la proclama del Evangelio de nuestro Señor Jesucristo.

Al igual que los sur americanos hace 200 años, los judíos del tiempo de Jesús estaban obsesionados por conseguir su independencia de Roma, pero tal como nosotros entendían "de que" se querían librar, pero no "para qué" habrían de ser libres. A estos Jesús les declaró:

> *"Así que si el Hijo (Jesucristo) los libera, serán ustedes verdaderamente libres."*
> *(Juan 8:36)*

Esto nos pone ante la necesidad de escudriñar profundamente el contenido del evangelio.

El evangelio nos presenta a Quien es la libertad y nos pone en contacto con Quien puede enseñarnos a vivirla. Uno nunca dice que un pez esta "privado de la libertad" porque no puede volar. Un pez nunca pediría una libertad que no estuviese sumergida en el agua! La libertad del ser humano, igualmente, depende ante todo de su propósito. Como el pez fue creado para nadar y solo encuentra su libertad en el ejercicio de su propósito, el hombre fue creado para Dios y solo será libre al volverse a Él. En este sentido es que Ajith Fernando, misionero en la India, nos relata las palabras del famoso evangelista de la India, Sadhu Sundar Singh (1889/1929). Éste, después de una asombrosa conversión del hinduismo que le llevó en su búsqueda desesperada por la paz y la libertad hasta intentar acabar con su vida, testificó así de su nueva fe en Cristo: "Sin Cristo soy como un pez fuera del agua; con Cristo estoy en un océano de amor."

Este es el evangelio de Jesucristo--el evangelio de la libertad. Por exponerlo a quienes no lo conocen, los seguidores de Jesús están comprometidos. Por glorificar a Jesús viéndole ser recibido y amado para una libertad maravillosa, los discípulos haremos lo que sea necesario.

Pablo defendió el evangelio de la libertad.

San Pablo comienza la epístola de Gálatas con una aparente contradicción: hay otros evangelios, pero hay un solo evangelio (Gálatas 1:6 al 9). Esto explica la férrea defensa que el apóstol hace del verdadero mensaje del Cristo Crucificado, tanto en esta singular epístola como en sus demás escritos. Las buenas nuevas fueron motivo, desde el mismo comienzo de su predicación, de falsificaciones que trajeron confusión a los creyentes. Esto fue así debido a que hubo quienes pretendieron mezclarlo, tergiversarlo, desenfocarlo, desenraizarlo, de tal forma que ya no era el único evangelio que nos fue entregado en la persona y la obra de Jesús. La apasionada labor pastoral y epistolar de San Pablo emergía de su inmenso compromiso y relación de amor con Jesús, de tal suerte que no existía otra razón de ser para su vida que conocerlo, sumergiéndose en Su amor (Filipenses 3), y darlo a conocer (Gálatas 4:19) ¡sin importar cuales fueran los costos!

Así como en los tiempos apostólicos del s. I, hoy en día nos rodea la predicación de falsos evangelios. Se puede ver por todas partes, y particularmente en los medios masivos de comunicación, aberraciones, desviaciones, y hasta ridiculizaciones del único y santo evangelio de Dios. La buena nueva de que Dios se hizo hombre para satisfacer su justicia y salvar a su pueblo escogido, está cada vez menos presente en la predicación que se hace llamar cristiana.

El hombre y la mujer inquietos por el Espíritu de Dios y en busca de la verdad encuentran una gran confusión en vista de que la mayoría de fenómenos religiosos y espiritualistas en América Latina pretenden tener a Jesús como su promotor y a su palabra como su fundamento.

Por lo tanto, la "piedra de toque", la referencia fundamental, para identificar una propuesta religiosa a favor o en contra de la verdadera fe Cristiana está en su presentación del Evangelio. **¿Cuál es el evangelio que tal iglesia, o que tal predicador, proclama?** ha de ser la pregunta esencial que debe hacerse todo buscador sincero y coherente.

El evangelio, la misma persona y obra de nuestro Señor Jesucristo, es el mensaje de la libertad y el instrumento mediante el cual se mide la verdadera fe cristiana. Predicamos este evangelio que, por virtud de Jesucristo, hace libres a los hombres y las mujeres que se acercan a Dios con arrepentimiento y fe.

No pretendemos "ir más allá de lo que está escrito" (1ª Corintios 4:6), ni mucho menos reducir el glorioso evangelio de Dios "que ha sido proclamado en toda la creación debajo del cielo" (Colosenses 1:23) a un libro breve y singular. Queremos ser siervos y testigos del evangelio predicándolo de forma escrita y sucinta, la cual también creemos delante de Dios, acorde y sujeta a Su Palabra.

De manera que, con toda nuestra intensión de glorificar a Dios y gozarnos viéndole ser conocido y adorado por aquellos por quienes vino a ser Salvador y Señor, presentamos este libro. Es un trabajo serio y estructurado de quien ama al Señor, y ama a la iglesia de Dios en América Latina, nuestro queridísimo amigo y hermano, el Dr. Jaime Adams. Cabe recalcar que el mismo desde su primera edición en 1978 fue escrito en Colombia, Latinoamérica, y en la hermosa lengua de Cervantes. En esta edición introducida y complementada por el pastor Diego Cardona (Misión Bautista, C.C. El Redil, Medellín) nos asiste el deseo sincero, que acompañamos con la oración fervorosa, de que los corazones más sensibles y los más recelosos sean atraídos por la verdad que está revelada en su más grande expresión en la persona de "Jesucristo, y de éste Crucificado" (1ª Corintios 2:2).

*Los autores*

# 1

# Libertad: El anhelo de todos

'¡Libertad! ¡Libertad!' ha sido el grito de millones de latinoamericanos a lo largo de su historia. Toda la historia del hombre habla de la lucha por la emancipación, porque la tragedia intrínseca de la humanidad reside en su misma condición de esclavitud. Algunos claman por libertad en vista de sus largos y dolorosos gobiernos dictatoriales, otros en busca de independencia, y muchos otros, como en el caso de los colombianos, hastiados del endémico flagelo del secuestro que día a día angustia a varios miles de familias. La mayoría de las naciones sudamericanas enfrentan un problema serio de corrupción política que con urgencia debe ser, por lo menos, reducido y que nos confronta con la realidad de la esclavitud personal al dinero que lleva a los gobernantes a sumir en la pobreza y la desigualdad a quienes les eligieron para administrar las cosas públicas.

El año en curso es uno de repetidas celebraciones de la libertad o las libertades conseguidas. 200 años atrás la mayoría de naciones americanas lograron la independencia de antiguas potencias colonizadoras.

Entre los muchos paladines de la libertad sobresale Simón Bolívar, uno de los líderes más destacados de la historia de Latinoamérica. Bien sabemos de su gran valentía y la habilidad que empleó en la lucha que trajo independencia nacional a las repúblicas de Venezuela, Colombia, Ecuador, Perú y Bolivia. Con razón ha sido honrado con el título de "El Libertador."

Hay un acontecimiento quizás poco conocido de la vida de este gran héroe. Después de sacrificar unos veinte años de la flor de su vida luchando en forma casi continua por la libertad, Bolívar, a los 47 años, tuvo como recompensa personal el desengaño e ingratitud de muchos, y la salud quebrantada. Renunció a la presidencia de Colombia, y se fue a Cartagena, bella ciudad de la costa colombiana, con ánimo de viajar a Europa. De Cartagena siguió a Santa Marta, otro puerto cercano. Sintiendo que se agravaba su enfermedad, se instaló en la "Quinta de San Pedro Alejandrino". Allí, un médico francés, el Dr. Réverénd, lo atendió con cariño, pero sin resultado. En una ocasión en que los dos estaban conversando, pocos días antes de morir Bolívar, se desarrolló el siguiente dialogo:

Bolívar: ¿Qué le ha traído a estas tierras, doctor?

Réverénd: He venido en busca de libertad, Excelencia.

Bolívar: ¿Y la ha encontrado usted?

Réverénd: Sí, Excelencia.

Bolívar: *Entonces, ha sido usted más afortunado que yo.*

¿Leímos bien? ¿No encontrar la libertad «El Libertador»? Da tristeza tal pensamiento. Pero si el hombre de tanto éxito, poder y fama, que pasó la mayor parte de su vida luchando por la libertad, no la encontró, ¿hay esperanza alguna de que nosotros la hallemos? Quizás cabe preguntar ¿qué es la libertad? ¿Qué es esta abstracción que todos anhelamos poseer y obtener, para la cual todos nos esforzamos? La esclavitud y la opresión han sido siempre los enemigos de la humanidad. Por todos lados se oyen los gritos de los oprimidos. ¿Mas cómo efectuar el derrocamiento de la cruel dominación? Si queremos participar en esta lucha, ¿cuál será la manera de hacerlo? Hay que pensarlo bien, porque muchos, igual que Bolívar, se han lanzado enteramente a la lucha por la libertad sin obtenerla ellos mismos. Es indispensable que nos preguntemos: ¿en qué consiste la libertad?

La historia nos da abundante testimonio de que ni la abundancia económica ni la independencia nacional basta para hacer libre al hombre. Así que no es posible que los ejércitos o las revoluciones nos traigan libertad. Ya anotamos como la gran honestidad y la dedicación de Bolívar para alcanzar la liberación de los pueblos no le permitieron a él mismo experimentar la libertad personal y duradera. Entonces ¿cómo se obtendrá la verdadera libertad?

Esta búsqueda nos lleva a la segunda frase de nuestro título "Libertad: El Evangelio de Dios", es decir: "el evangelio de Dios." Solo Dios, creador del hombre, nos da la respuesta a todas las inquietudes de la vida. Y en cuanto a la libertad El nos enseña tanto lo que es, como el camino para encontrarla. Descubrimos que lo único que puede hacer libre al hombre es la verdad. La Biblia nos dice: "Conocerán la verdad, y la verdad los hará libres" (Juan 8:32). La verdadera libertad es conocer al "Gran Libertador," quien dijo: «Yo soy la verdad» (Juan 14:6).

La realidad que libera y cambia al ser humano es el conocimiento de la verdad de Dios por medio de Jesucristo. El Evangelio no es un libro o una colección de hechos y dichos de Cristo. El evangelio es el feliz anuncio de la liberación y la salvación del hombre. Por tanto, si estamos buscando la libertad, debemos investigar seriamente el mensaje del verdadero Dios para el hombre esclavizado.

San Pablo, en su epístola a los Romanos, se destaca como el pregonero del mensaje liberador destinado a toda la humanidad. En esta obra maestra nos ofrece la exposición más clara y más detallada del *Evangelio*: la buena noticia de libertad.

Una lectura rápida de la carta de San Pablo a los Romanos deja ver con claridad la pasión y entrega de este apóstol procurando que todos nosotros recibamos y abracemos el testimonio bíblico y los beneficios eternos de este gran evangelio de Dios.

> *"A la verdad, no me avergüenzo del* **evangelio**, *pues es poder de Dios para la salvación de todos los que creen..."*
>
> *(Romanos 1:16)*

Por eso merece nuestra detenida atención la carta del inspirado apóstol. En ella tenemos el resumen de las grandes verdades de la Biblia. Aunque los otros escritores de la Biblia no usaron con frecuencia el sustantivo evangelio (euangelion, palabra griega para "evangelio" o "buenas noticias"), San Pablo le dio mucha importancia, utilizándolo unas sesenta veces en sus cartas a las iglesias.

En las primeras líneas de su carta a los Romanos, Pablo habla del "evangelio de Dios." Podemos decir que el verdadero mensaje de liberación es "de Dios" porque:

1. Dios mismo es su **Autor**: Dios el Padre.
2. Dios mismo es su gran **Tema**: Dios el Hijo.
3. Dios mismo es su **Intérprete**: Dios el Espíritu Santo.
4. Dios mismo es nuestro **Interlocutor**: Por eso **demanda** reflexión, arrepentimiento y fe frente al anuncio de este evangelio.

Siguiendo estos cuatro puntos, estudiemos el mensaje de libertad, EL EVANGELIO, no simplemente como espectadores observando a otros desde un balcón, sino peregrinos en el camino hacia la verdad.

*"Conoceréis la verdad y la verdad os hará libres."*

*(Juan 8:32)*

*Pasado ese tiempo yo, Nabucodonosor, elevé los ojos al cielo, y recobré el juicio.*

*Entonces alabé al Altísimo; honré y glorifiqué al que vive para siempre: Su dominio es eterno; su reino permanece para siempre. Ninguno de los pueblos de la tierra merece ser tomado en cuenta.*

*Dios hace lo que quiere con los poderes celestiales y con los pueblos de la tierra. No hay quien se oponga a su poder ni quien le pida cuentas de sus actos."*

Nabucodonosor,
Rey de Babilonia 605-562 A.C.
Citado en Daniel 4:34 y 35

"Creo en Dios Padre Todopoderoso, Creador del cielo y de la tierra."
de "El Credo de los Apóstoles" (s. II)

*"Es Dios y Dios solamente quien salva, y que está en todo elemento del proceso salvador."*

B. B. Warfield

*"Si hubiera un solo punto en la vestidura celestial de nuestra justicia que nosotros mismos tuviésemos que poner, estaríamos perdidos."*

C. H. Spurgeon

# 2

# El Autor del Evangelio: Dios el Padre

## Su Persona

***Dios es incomparable en su supremacía.*** El Autor de la libertad es una Persona incomparable. Las Sagradas Escrituras nos declaran:

> *"A los ojos de Dios, las naciones son como una gota de agua en un balde, como una brizna de polvo en una balanza.*
>
> *El Señor pesa las islas como si fueran polvo fino. Todas las naciones no son nada en su presencia; no tienen para él valor alguno.*
>
> *¿Con quién compararán a Dios?"*
>
> *(Isaías 40:15, 17, 18a)*

Es el poderoso Dios a quien los cielos de los cielos no pueden contener, a quien el mundo parece menos que unos granitos de polvo en la balanza. Es el Dios de todo. Él inventó este mundo inmenso y los minúsculos átomos. No sólo creó, sino que también controla tanto la inmensidad del universo con sus 40 mil millones de soles, la mayoría de los cuales son mucho más grandes que el nuestro, como asimismo la pequeñez del átomo, del cual hay cien millones de billones en una sola gota de agua. Todo subsiste en Dios, y en Él todas las cosas se conservan unidas.

Él no tiene necesidad de nada, ni puede ser afectada en manera alguna su perfecta supremacía. Lo que para nosotros es espacio infinito, no es más que un punto en el horizonte de su visión. Lo que nosotros concebimos como tiempo infinito, no es, ante los ojos de Él, más que el ayer que ya pasó. Su voluntad es la ley incontrastable que rige todo cuanto existe. Envuelto en majestad y vestido de poder, la justicia y el juicio componen el fundamento de su trono. Se sienta en los cielos y hace lo que le place (Salmo 115:3). Este soberano Señor de toda la creación es el glorioso Autor del evangelio de la libertad. (Véase p. 92, sermón de B.B. Warfield sobre Juan 3:16: *El Salvador del Mundo,* Editorial Peregrino.)

Los hombres rechazan Su supremacía. Aunque Dios es infinitamente superior al hombre, la maravillosa verdad es que este majestuoso y omnipotente Creador se interesa por la indigna raza humana y su estado esclavizado. En todo el Antiguo Testamento se habla de la manera en que el misericordioso Señor se preocupaba por su pueblo oprimido, librándolo repetidas veces de sus opresores. A pesar de la inmensa compasión de Dios al proceder así, muchos fueron en aquel tiempo los que evidenciaron su descontento contra él. Se rebelaban contra el propio Libertador y Su soberanía. Se negaban a aceptar sobre ellos incluso al bondadoso Dios que los libraba, y en consecuencia les cayó la cruel dominación a manos de hombres y naciones malas.

Hoy día son muchos los que mantienen esa misma rebeldía. El insigne predicador Charles Spurgeon lo observó en su época diciendo: "En todos los corazones hay una natural enemistad hacia Dios y hacia la soberanía de su gracia. He sabido que hay hombres que se muerden los labios y rechinan los dientes rabiosos cuando predico la soberanía de Dios..... Los doctrinarios de hoy aceptan un dios, pero que no ha de ser Rey, es decir, escogen un "*dios que no es dios.*" En contraste, las Escrituras nos manifiestan que '*El SEÑOR ES EL DIOS VERDADERO, EL DIOS VIVIENTE, EL REY ETERNO*'" (Jeremías 10:10).

De acuerdo con la Santa Biblia, Dios es independiente de todas sus creaturas en su Ser, en Su voluntad, y en Sus acciones, (Efesios 1:11), y toda la creación depende de Él. Aunque no queramos reconocer nuestra dependencia del Dios Soberano, no por ello ésta no existe. Hay una diferencia muy grande entre el Creador y la criatura. El Señor es el soberano monarca que proclama:

> *"Así dice el SEÑOR, el SEÑOR TODOPODEROSO,*
> *REY Y REDENTOR DE ISRAEL:*
> *"YO SOY EL PRIMERO Y EL ÚLTIMO;*
> *FUERA DE MÍ NO HAY OTRO DIOS."*
>
> *(Isaías 44:6)*

## Dios es incomprensible pero conocible

Es asombroso pensar en conocer a ese Creador que es incomparable en su grandeza y soberanía. ¿Cómo puede el entendimiento humano limitado comprender al Dios infinito y perfecto? Las preguntas hechas milenios atrás, con sus respuestas, merecen nuestra consideración:

*¿Puedes adentrarte en los misterios de Dios o alcanzar la perfección del Todopoderoso?*

*Son más altos que los cielos; ¿qué puedes hacer? Son más profundos que el sepulcro; ¿qué puedes saber?*

*Son más extensos que toda la tierra; ¡son más anchos que todo el mar!"*

*(Job 11:7-9)*

Pero Dios no es el "completamente otro," el "dios desconocido" de la filosofía moderna. Es cierto que Dios es incomprensible en el sentido de que pudiésemos comprender su Ser infinito con nuestras mentes finitas. Sin embargo, Dios se nos reveló en las Escrituras del Antiguo y el Nuevo Testamento. Esta revelación limitada que nos ha dado es verdadera y suficiente para conocerle. Juan, el apóstol, en forma resumida nos instruye de esta veracidad así:

*"A Dios nadie le vio jamás [en su esencia]; el único Dios engendrado [Jesucristo] que está en el seno del Padre, él le ha dado a conocer."*

*(Juan 1:18, traducción amplificada del autor basada en los mejores textos griegos)*

## Su Plan

Este Dios soberano, autor de la libertad, tiene un plan, un mensaje de liberación para el hombre encadenado. Todos lamentamos que, no obstante las muchas luchas de nuestros antecesores, persista la servidumbre. Pero, ¿qué es lo que esclaviza al hombre? ¿Cuál es la raíz de la perpetua opresión? Jesús enseñó:

*"Ciertamente les aseguro, que todo el que peca es esclavo del pecado."*

*(Juan 8:34)*

*Por otras referencias bíblicas sabemos que: "No hay un solo justo, ni siquiera uno…". (Romanos 3:10)*

*"... pues todos han pecado...".*
*(Romanos 3:23; 5.12)*

Seguimos leyendo:

*"Porque la paga del pecado es muerte".*
*(Romanos 6:23)*

Así queda claro que lo que oprime al hombre por sobre todo es el pecado y sus consecuencias. Pero, ¿Cómo responde el Dios Soberano a ese pecado con el cual se enfrenta el hombre?

***La misericordia y el amor del plan de Dios.*** Dios tenía derecho a destruir todo este mundo pecaminoso. Ese Creador Santo, que jamás tuvo necesidad del hombre para su propia felicidad, con toda justicia podría haber desechado para siempre y sin misericordia a nuestra raza caída. Pero este Santo Creador actuó de otra manera. Dios amó tanto al hombre encadenado por el pecado, que escogió a algunos de los integrantes de esta raza, es decir, a algunos pecadores caídos, y los redimió. Y lo hizo de una manera que nos mostró, no un interés lejano, sino un compromiso íntimo con nosotros: envió al mundo a su propio Hijo, quien por amor sufrió la muerte en la cruz para salvarnos (Juan 3:16-18).

Ahora Dios habla desde su trono a nuestra raza impía a través de las palabras del evangelio, instándonos a arrepentirnos y a creer las buenas nuevas de libertad (Marcos 1:15). Y aunque esta palabra es en realidad un mandamiento divino, se da en forma de invitación misericordiosa que exhorta a todos a experimentar contrición de corazón y humildad de espíritu y a escoger la vida. El Creador sacrificó a su propio Hijo con el propósito de librar al hombre de la dominación del pecado, plan que se había trazado desde antes de la creación del mundo (1ª Pedro 1:18-20). Nada en el pecador lo pudo haber impulsado a ello. Dios ya había planeado la salvación antes que existiera el hombre. Según la predicación apostólica:

> *"Dios nos escogió en él antes de la creación del mundo, para que seamos santos y sin mancha delante de él."*
>
> *(Efesios 1:4)*

Por otro lado, Romanos 9:11 y 12 afirma:

> *"Sin embargo, antes de que … nacieran, o hicieran algo bueno o malo, y para confirmar el propósito de la elección divina,*

*no en base a las obras sino al llamado de Dios..."*

***El origen del plan.*** La opresión es consecuencia de nuestra caída en el pecado, pero el mensaje del cristianismo no viene de nosotros. La tiranía es de origen humano, mas la salida no lo es. Antes bien, este camino de libertad para el pecador tiene su origen en la acción y el involucramiento personal de Dios. El autor José Grau con pasión ha escrito: "Antes que el ser humano tratara de buscar a Dios, Dios ya lo había buscado. La Biblia no muestra al hombre tanteando por encontrar a Dios, sino que muestra a Dios yendo en busca del hombre. Hay gente que visualiza un dios sentado cómodamente en un alto solio, distante, separado, desinteresado e indiferente a las necesidades de los mortales, hasta que los gritos constantes de éstos lo sacan de la modorra en que vive, y resuelve intervenir en su favor. Tal concepto es falso, y raya en la blasfemia. La Biblia revela a Dios quien toma la iniciativa, se levanta de su trono, deja su gloria, baja a buscar al pecador y se humilla, mucho tiempo antes que se le ocurra al hombre volverse a Él, pues se halla envuelto en obscuridad y hundido en el pecado".[1]

El apóstol Pablo, escribiendo a su colaborador Timoteo, afirmó que el gran origen del evangelio es Dios.

> *"Pues Dios nos salvó y nos llamó a una vida santa, no por nuestras propias obras, sino por su propia determinación y gracia. Nos concedió este favor en Cristo Jesús antes del comienzo del tiempo; y ahora lo ha revelado con la venida de nuestro Salvador Cristo Jesús, quien destruyó la muerte y sacó a la luz la vida incorruptible mediante el evangelio."*
>
> *(2ª Timoteo 1:9, 10)*

***La singularidad del plan.*** Como el hombre no es el autor del Evangelio, y la libertad nos viene únicamente por medio de ese evangelio, lógicamente tampoco puede ser autor de su propia emancipación. Ésta, por el contrario, tiene como Arquitecto al eterno Dios, el Padre, como se sabe por medio de la Sagrada Escritura. No basta con entender que hay algún dios, sino que es necesario conocer al *"único Dios verdadero"* (Juan 17:3). Los demás, la multitud de dioses, son fraudes que no salvan. Por eso da tristeza ver que algunos predicadores, superficialmente llamados cristianos, dejen de buscar respuestas en la revelación escrita de Dios (La Santa Biblia), dejándose llevar por el remolino de lo que el hombre busca para satisfacer sus deseos y necesidades temporales, y no su necesidad permanente de paz y reconciliación con Dios en Cristo. Ni *"los dioses de oro"* (Éxodo 32:32), ni los de ningún sistema económico, sea el capitalismo ateo o el comunismo ateo, nos pueden librar totalmente como solo Dios lo puede hacer. Estos falsos liberadores, por el contrario, nos esclavizan más y más.

Existe una esclavitud de la abundancia, como se ve en muchas partes de los EE.UU. y en las demás modernas sociedades de consumo, donde algunos hombres se vuelven prisioneros de sus propias satisfacciones y a veces en el proceso oprimen a su prójimo. En el mejor de los casos alguien puede sostener que un sistema político o económico es "menos malo" que otros. Pero todos sabemos que entretanto el corazón de los hombres (el de los gobernadores y el de los gobernados) no sea cambiado radicalmente, cada sistema se convierte en una nueva forma de tiranía. La Biblia nos explica que solo por la intervención soberana de Dios este cambio es posible. Y la razón es clara. El origen de todas las esclavitudes está en la misma fuente: la naturaleza pecaminosa del hombre. Por eso el verdadero Dios dijo: *"Yo, yo soy el Señor, fuera de mí no hay ningún otro salvador"* (Isaías 43:11). Sin la intervención de este Dios, que nos llama mediante el evangelio de Jesucristo, sean lo que fueran nuestras circunstancias exteriores, seríamos sometidos a la tiranía.

***Dios: la única fuente de todos los bienes.*** Por esta razón, nos corresponde mirar solamente al Dios de la Biblia para nuestra liberación. Juan Calvino, gran defensor de la ortodoxia bíblica y teólogo eminente, no exagera de ninguna manera cuando afirma que *"es menester que estemos resueltos y convencidos de que el Dios que adoramos es la fuente de todos los bienes, para que ninguna cosa busquemos fuera de Él. Lo que quiero decir es: que no solamente habiendo creado una vez el mundo, lo sustenta con su* *inmensa potencia, lo rige con su sabiduría, lo conserva con su bondad, y sobre todo cuida de regir el género humano con justicia y equidad, lo soporta con misericordia, lo defiende con su amparo; sino que también es menester que creamos que en ningún otro fuera de Él se hallará una sola gota de sabiduría, luz, justicia, potencia, rectitud y perfecta verdad, a fin de que, como todas estas cosas proceden de* Él, *y* Él *es la sola causa de todas ellas, así nosotros aprendamos a esperarlas y pedírselas a* Él, *y darle gracias por ellas."* [2]

Miremos al "único Dios verdadero" para nuestra salvación. Él dice:

> *"Declaren y presenten sus pruebas, deliberen juntos.*
>
> *¿Quién predijo esto hace tiempo, quién lo declaró desde tiempos antiguos?*
>
> *¿Acaso no lo hice yo, el* SEÑOR*? Fuera de mí no hay otro Dios; Dios justo y Salvador, no hay ningún otro fuera de mí.*
>
> *Vuelvan a mí y sean salvos, todos los confines de la tierra, porque yo soy Dios, y no hay ningún otro."*
>
> *(Isaías 45:21-22)*

*"En el principio era el Verbo, y el Verbo era con Dios, y el Verbo era Dios.*

*Y el Verbo se hizo carne, y habitó entre nosotros, y vimos su gloria, gloria como del Hijo único del Padre, lleno de gracia y de verdad."*

*Juan 1:1, 14 (LA)*

*"Nadie ha visto jamás a Dios; el único Dios engendrado, que está en el seno del Padre, Él le ha dado a conocer."*

*Juan 1:18 (LA)*

*"Pablo, siervo de Cristo Jesús, llamado a ser apóstol, apartado para anunciar el evangelio de Dios, que por medio de sus profetas ya había prometido en las sagradas Escrituras. Este evangelio habla de su Hijo, que según la naturaleza humana era descendiente de David, pero que según el Espíritu de santidad fue designado con poder Hijo de Dios por la resurrección. Él es Jesucristo nuestro Señor."*

*Romanos 1:1-4*

*"Que Dios nuestro Padre y el Señor Jesucristo les concedan gracia y paz.*

*Jesucristo dio su vida por nuestros pecados para rescatarnos de este mundo malvado, según la voluntad de nuestro Dios y Padre, a quien sea la gloria por los siglos de los siglos.Amén.*

*Gálatas 1:3-5*

# 3

# El Tema del Evangelio: Dios el Hijo

Habiendo concebido en la eternidad un plan para la liberación del hombre, Dios procedió en el tiempo a llevarlo a cabo, enviando al mundo a Cristo para cumplir dicho plan. Casi todo el mundo habrá oído hablar de Cristo Jesús, pero han pasado muchos siglos desde que vivió en la tierra, y se han levantado innumerables religiones y sectas que prácticamente no comparten más que reclamar para sí el nombre de Jesucristo. Frente a tal confusión reinante, hoy es necesario volver a hacer la pregunta: ¿Quién es Jesucristo?

***Cristo Jesús es histórico.*** Sabemos que, históricamente, Jesús es un hombre que vivió hace casi dos mil años. Nació de la bendita virgen María, y era dueño de un cuerpo físico como cualquier hombre. Podemos verlo, por decirlo así, cuando ese cuerpo es herido, lastimado a latigazos, coronado de espinas y clavado en la cruz del Gólgota. *"La existencia de Jesús"*, como escribe el autor ecuatoriano René Padilla,

> *"no es asunto de la fantasía o la mitología, sino de la historia. No sería sorprendente si el humilde carpintero de Nazaret hubiese pasado completamente inadvertido por todos los escritores del primer siglo. Pero no fue así: las referencias a él son suficientes para establecer el hecho de Jesucristo como un hecho histórico incontrovertible. Para negarlo hay que rechazar no sólo el testimonio del Nuevo Testamento, sino también el de dos destacados historiadores y varios maestros judíos del primer siglo."*[3]

***Cristo Jesús es divino.*** Con tantas pruebas, pocos quisieran desmentir el hecho de la vida humana y terrenal de Jesucristo. Pero la Santa Escritura asevera aún más: nos declara que era sobrenatural, que hacía milagros. Y no sólo nos relata la vida y la muerte de este Jesús, sino también afirma que resucitó al tercer día y que después de su resurrección lo vieron unas quinientas personas (1ª Corintios 15:6). Luego nos enteramos de que ascendió al cielo, se sentó a la diestra de su Padre, y no lo volveremos a ver hasta que venga de nuevo. La iglesia apostólica, que se formó en aquel tiempo, tenía un himno acerca de Cristo a manera de síntesis del ministerio de su gran Maestro:

> *"Él (Dios) se manifestó como hombre; fue vindicado por el Espíritu, visto por los ángeles, proclamado entre las naciones, creído en el mundo, recibido en la gloria."*
> *(1ª Timoteo 3:16)*

Jesucristo mismo declaró que es Dios, afirmación que siempre enojaba a los jefes religiosos de su época:

> *" – ¿No tenemos razón al decir que eres un samaritano, y que estás endemoniado? – replicaron los judíos.*
>
> *– No estoy poseído por ningún demonio – contestó Jesús – . Tan sólo honro a mi Padre; pero ustedes me deshonran a mí. Yo no busco mi propia gloria; pero hay uno que la busca, y él es el juez.*
>
> *Ciertamente les aseguro que el que cumple mi palabra, nunca morirá.*

*–¡Ahora estamos convencidos de que estás endemoniado! –exclamaron los judíos–. Abraham murió, y también los profetas, pero tú sales diciendo que si alguno guarda tu palabra, nunca morirá.*

*¿Acaso eres tú mayor que nuestro padre Abraham? Él murió, y también murieron los profetas. ¿Quién te crees tú?*

*–Si yo me glorifico a mí mismo –les respondió Jesús–, mi gloria no significa nada. Pero quien me glorifica es mi Padre, el que ustedes dicen que es su Dios, aunque no lo conocen. Yo, en cambio, sí lo conozco. Si dijera que no lo conozco, sería tan mentiroso como ustedes; pero lo conozco y cumplo su palabra. Abraham, el padre de ustedes, se regocijó al pensar que vería mi día; y lo vio y se alegró.*

*–Ni a los cincuenta años llegas –le dijeron los judíos–, ¿y has visto a Abraham?*

*–Ciertamente les aseguro que, antes de que Abraham naciera, ¡yo soy!*

*Entonces los judíos tomaron piedras para arrojárselas, pero Jesús se escondió y salió inadvertido del templo."*

*(Juan 8:48-59)*

El Padre, por otra parte, siempre celoso de su Nombre y para evitar dar a otro su gloria (Isaías 42:8), lejos de negar tal declaración, la confirmó:

> *"Tan pronto como Jesús fue bautizado, subió del agua. En ese momento se abrió el cielo, y él vio al Espíritu de Dios bajar como una paloma y posarse sobre él. Y una voz del cielo decía: «Éste es mi Hijo amado; estoy muy complacido con él.»"*
>
> *(Mateo 3:16, 17)*

Dios Padre no solo confirmó a Jesús por medio de palabras sino también mediante hechos poderosos:

> *"Seis días después Jesús tomó consigo a Pedro, a Jacobo y a Juan, y los llevó a una montaña alta, donde estaban solos. Allí se transfiguró en presencia de ellos. Su ropa se volvió de un blanco resplandeciente como nadie en el mundo podría blanquearla. Y se les aparecieron Elías y Moisés, los cuales conversaban con Jesús.*
>
> *Tomando la palabra, Pedro le dijo a Jesús:*
>
> *–Rabí, ¡qué bien que estemos aquí! Podemos levantar tres albergues: uno para ti, otro para Moisés y otro para Elías.*

*-No sabía qué decir, porque todos estaban asustados. Entonces apareció una nube que los envolvió, de la cual salió una voz que dijo: «Éste es mi Hijo amado. ¡Escúchenlo!»*

*De repente, cuando miraron a su alrededor, ya no vieron a nadie más que a Jesús."*
*(Marcos 9:2-8)*

Enfrentados con toda la confirmación bíblica, no nos queda más alternativa que concordar con la Palabra de Dios en que Jesús es *"el único Dios engendrado"* (Juan 1:18,LA), Dios hecho carne, encarnado (Juan 1:1, 14).

Reconociendo, pues, que Jesucristo es más que un mero personaje histórico, afirmamos con toda la comunión de los que a través de los siglos han confesado esta misma fe que Jesucristo es "Dios de Dios, Luz de Luz, Verdadero Dios de Verdadero Dios" (Credo de Nicea, siglo IV). Pero esta afirmación, aunque cierta y profunda, nos deja con una inquietud: ¿para qué tenía que haberse humillado el Todopoderoso Dios y convertirse a la semejanza de la humanidad esclavizada por el pecado? La respuesta sencilla es que lo hizo por amor al hombre, según el conocido verso 16 de Juan 3 (RV):

> *"Porque de tal manera amó Dios al mundo, que ha dado a su Hijo unigénito, para que todo aquel que en él cree no se pierda, mas tenga vida eterna."*

Cuando se piensa en esta respuesta, surge otra pregunta mayor: ¿Por qué el amor de Dios le llevó a tanto sacrificio por el hombre? Veremos que la razón fundamental reside en las muchas necesidades del hombre, y en la voluntad de Cristo de glorificar a Dios satisfaciendo dichas necesidades en sus funciones de Profeta, Sacerdote y Rey.

## Cristo es Profeta

En primer lugar, el hombre natural en su pecado carece de entendimiento espiritual. Es decir, es ignorante con respecto a las verdades espirituales a causa de su caída en pecado. Por lo tanto, su mente está entenebrecida y, aunque siempre esté aprendiendo, nunca podrá llegar por si mismo al conocimiento de la verdad (2ª Timoteo 3:7).

A pesar de toda la ciencia y la técnica contemporáneas, el hombre en su naturaleza anda sin entender el por qué, ni de su propia existencia ni de la del universo. Hace siglos, los aborígenes Chibchas, los habitantes primitivos de Colombia, expresaron el enigma actual con uno de sus cantares:

*"Soy gajo de árbol caído que no sé donde cayó.*

*¿Dónde estarán mis raíces? ¿De qué árbol soy gajo yo?*

*Yo no sé donde nací,*

*No sé de donde he venido, ni sé para donde voy".*

*(Cantares de Boyacá)*

La oscuridad de los hombres de hoy es idéntica a la de aquellos: necesitan a un profeta; uno que les enseñe la verdad. Igual que sus antecesores, el hombre moderno permanece sin conocer las verdades básicas de la vida, las verdades que libran. Anda en la vanidad de su mente, teniendo el entendimiento entenebrecido, ajeno de la vida de Dios por la ignorancia que en él hay, por la dureza de su razón

(Efesios 4:17, 18). Le falta un instructor competente, uno que sea divino. En efecto, Jesucristo es el Instructor que necesitamos, pues Él mismo es la verdad. En épocas anteriores, Dios hablaba directamente a los profetas del Antiguo Testamento, y por medio de ellos instruía a Su pueblo. Pero llegado el tiempo señalado, Dios envió a Jesucristo, el Supremo Profeta, quien reveló plenamente el consejo y la voluntad de Dios con relación a la liberación del hombre (Hebreos 1:1-2).

Los apóstoles de Jesús tuvieron el privilegio único de presenciar toda esa instrucción mientras acompañaban a Jesús, viendo, oyendo y hasta palpando al Verbo de vida (1ª Juan 1:1). Jesús les encargó a ellos que registraran en forma escrita y permanente Sus hechos y Sus palabras (en los cuatro evangelios). También les guió para que consignaran Su interpretación, de Sus hechos y palabras, en el resto del Nuevo Testamento, este es la revelación máxima y suficiente de Dios. Es solamente en y por medio de las Sagradas Escrituras (Antiguo y Nuevo Testamento) que podemos conocer a Cristo y tener una relación personal con Él. Así como en los días en que anduvo físicamente con los discípulos y estos, a pesar de su proximidad, no podían tener entendimiento de Jesucristo o tener fe en Él aparte de Su palabra hablada, así nosotros dependemos enteramente del inspirado testimonio bíblico. Todos los que después hemos creído en Jesucristo a través de los siglos, somos aquellos por los cuales Cristo oró en Juan 17:20:

*"No ruego sólo por éstos.*

*Ruego también por los que han de creer en mí por el mensaje de ellos."*

(Es decir, por la palabra de los apóstoles, los autores del Nuevo Testamento). Es solamente por medio del testimonio de ellos que nosotros podemos tener comunión con Dios (Véase 1ª Juan 1:1-4). El testimonio con respecto a la salvación y la revelación de Dios en Cristo Jesús, lo selló Él mismo con Su propia sangre, y por consiguiente, ya no se le puede añadir o quitar ni una sola palabra (Apocalipsis 22:18-19). La Sagrada Escritura (Antiguo y Nuevo Testamento) es la Palabra definitiva y única de Dios Libertador para el hombre oprimido. No podemos hacer más que aceptarla tal como es, obedeciéndola. Como escribió Moisés acerca de Cristo:

> *"Dios, el Señor, les va a enviar un profeta de entre los propios hermanos de ustedes (...)*
>
> *Háganle caso en todo lo que él les diga, porque todos los que no hagan caso a ese profeta, serán destruidos."*
>
> *(Hechos 3:22, VP, Deuteronomio 18:18-19 RV)*

En efecto, la ira de Dios está sobre la persona que no recibe las palabras de Jesucristo (Juan 3:36). Cristo nos revela la verdad de Dios que nos trae la verdadera libertad.

## Cristo es Sacerdote

En el Antiguo Testamento los profetas representaban a Dios delante del pueblo; eran la voz de Dios para el pueblo. En contraste, los sacerdotes representaban al pueblo delante de Dios. Vimos ya que en Cristo tenemos al Profeta Supremo que nos instruye hoy acerca de Dios. Ahora descubrimos que desde el Antiguo Testamento se predijo el ministerio sacerdotal de Jesucristo (Salmo 110:4, Zacarías 6:13, Isaías 53, entre otras referencias bíblicas). En su capacidad de profeta, Él nos libra de la ignorancia que nos condena, representando a Dios ante nosotros. Luego, ¿de qué manera nos libra como sacerdote, representándonos delante de Dios?

***La obra sacerdotal de Cristo Jesús es terrenal.*** Hay dos aspectos de la obra sacerdotal de Cristo: el terrenal y el celestial. En cuanto al terrenal, San Pablo nos convence de nuestra impotencia para acercarnos a Dios con base en nuestros propios méritos. Dios, cuando habla de la culpabilidad de todo hombre en los primeros capítulos de su carta a los Romanos, declara que todo el mundo está bajo el juicio de Dios (Romanos 3:19), y cita la misma Escritura, diciendo que: *"Todos se han descarriado, a una se han corrompido. No hay nadie que haga lo bueno; ¡no hay uno solo!"* (Romanos 3:12). No es solamente que pecamos (esto es un problema en cuanto a nuestro HACER), sino que somos pecadores por naturaleza (esto es el problema de nuestro SER). En otras palabras, que el árbol de naranjas tenga frutos podridos y enfermos al lado de los sanos, es un problema. Pero su peor problema es que su SER produce frutos malos. Jesús dejó esto claro cuando dijo:

> *"Lo que contamina a una persona no es lo que entra en la boca, sino lo que sale de ella."*
>
> (Mateo 15:11)

En la actualidad hay mucha gente que pregunta: ¿por qué no resuelve Dios las injusticias de este mundo? ¿Por qué no contesta nuestras angustiadas peticiones? Tenemos la respuesta clara de Dios mismo en el libro de Isaías:

> *"He aquí; que no se ha acortado la mano de Yavé para salvar, ni se ha hecho duro su oído para oír, sino que vuestras iniquidades [maldades] han hecho una separación entre vosotros y vuestro Dios; vuestros pecados hacen que él oculte su rostro para no oíros."*
>
> (Isaías 59:1- 2, NC)

Así, encontramos que el pecado, además de esclavizarnos, nos perjudica, haciendo separación entre nosotros y el Justo Dios. Jesucristo bajó a la tierra para acercarnos de nuevo a Dios, derribando la pared intermedia de separación entre Dios y el hombre (Efesios 2:11-22). Como nuestro representante, Cristo ofreció el sacrificio para satisfacer las demandas de la justicia divina. Más que esto: Cristo fue también el Sacrificio mismo. Él es *"el cordero de Dios que quita el pecado del mundo"* (Juan 1:29).

Necesitamos a este Sacerdote. Los sacerdotes humanos de cualquiera religión de ninguna manera pueden derribar esa pared que nos separa de Dios. Tampoco son capaces los pastores evangélicos, ni ninguna otra persona. Ninguna acción nuestra, tal como levantar la mano, pasar adelante en un templo o repetir una oración, resulta eficaz para borrar nuestros pecados.

Sí, necesitamos a Cristo Jesús, la Biblia lo declara irrefutablemente. Leamos: *"Nos convenía tener un sumo sacerdote así: santo, irreprochable, puro, apartado de los pecadores y exaltado sobre los cielos. A diferencia de los otros sumos sacerdotes, él no tiene que ofrecer sacrificios día tras día, primero por sus propios pecados y luego por los del pueblo; porque él ofreció el sacrificio una sola vez y para siempre cuando se ofreció a sí mismo"* (Hebreos 7:26-27). Efectivamente, el Nuevo Testamento insiste en que el aspecto terrenal de la obra sacerdotal de Jesucristo terminó en la cruz del Calvario (véase en Hebreos 9:12, 25-26; 10:10, 12, 14, 18 como se repite la expresión "una sola vez y para siempre"). El sacrificio máximo ya se ofreció y no se necesita, ni se puede, repetir. "Todo se ha cumplido—consumado es!" (Juan 19:30).

***La obra sacerdotal de Cristo Jesús es, también, celestial.*** Por supuesto, la obra sacerdotal de Cristo continúa aún hoy en su aspecto celestial, a la diestra del Padre. Allí está siempre ocupado en interceder por sus hijos en relación con la obra cumplida ya en la tierra. Desde el cielo, ahora Jesucristo nos consuela, aliviando nuestra aflicción, sufrimientos que Él entiende porque participó de la misma realidad que nosotros cuando estuvo y padeció en la carne (encarnado). Fue semejante a nosotros y tentado en todo según nuestra semejanza, para librarnos de la servidumbre. Por esto se compadece de nuestras debilidades y nos socorre.

*"Por tanto, ya que ellos son de carne y hueso, él también compartió esa naturaleza humana para anular, mediante la muerte, al que tiene el dominio de la muerte —es decir, al diablo—, y librar a todos los que por temor a la muerte estaban sometidos a esclavitud durante toda la vida. Pues, ciertamente, no vino en auxilio de los ángeles sino de los descendientes de Abraham. Por eso era preciso que en todo se asemejara a sus hermanos, para ser un sumo sacerdote fiel y misericordioso al servicio de Dios, a fin de expiar los pecados del pueblo. Por haber sufrido él mismo la tentación, puede socorrer a los que son tentados. (...)Porque no tenemos un sumo sacerdote incapaz de compadecerse de nuestras debilidades, sino uno que ha sido tentado en todo de la misma manera que nosotros, aunque sin pecado."*

*(Hebreos 2:14-18; 4:15)*

Jesucristo nuestro Gran y Sumo Sacerdote está en el cielo intercediendo ante el Padre a favor de sus hijos.

*" ... pero como Jesús permanece para siempre, su sacerdocio es imperecede-*

> *ro. Por eso también puede salvar por completo a los que por medio de él se acercan a Dios, ya que vive siempre para interceder por ellos."*
>
> (Hebreos 7:24, 25)

Cristo, el Sacerdote, es representante único y mediador único. Muchos abiertamente niegan esta verdad bíblica. Algunos papas y teólogos dicen que María *"es la principal mediadora en la distribución de las gracias"* (Pió X, en su encíclica Denzinger, 3370). Afirman que *"hay cosas que se piden a Cristo y no se reciben, pero si se piden a María son otorgadas."* Y oran a María: *"Señora nuestra, en el cielo no tenemos otro abogado que tú"* (Citas del teólogo Alfonso de Ligorio, Las Glorias de María). Las Sagradas Escrituras proclaman lo contrario: *"Mis queridos hijos, les escribo estas cosas para que no pequen. Pero si alguno peca, tenemos ante el Padre a un intercesor, a Jesucristo, el Justo"* (1ª Juan 2:1). El Papa León XIII, en su encíclica Octobri Mense (22 de septiembre de 1891, V. Denzinger, 3274) enseña, sin apoyo bíblico alguno: *"Así como nadie puede acercarse al Padre sino por el Hijo, así de modo semejante, nadie puede acercarse a Cris-*

*to sino por su madre."* Y el Papa Benedicto XV proclama abiertamente que *"María (...) es la mediadora con Dios de todas las gracias."*

Rompamos con estas cadenas de tradiciones y fábulas humanas y sigamos la verdad de Dios, que afirma que "hay un solo Dios, y un solo mediador entre Dios y los hombres, Jesucristo hombre" (1ª Timoteo 2:5). Tratar de establecer otros mediadores entre Dios y los hombres es ir en contra de la Palabra de Dios, y negar a Jesucristo y su obra de intercesión. En lugar de hacer tal cosa, confiemos en Cristo como nuestro Sacerdote, tanto en su obra terrenal cumplida en la cruz, como en su obra celestial que hace ahora a la diestra de Dios. "¿Quién condenará? Cristo Jesús es el que murió, e incluso resucitó, y está a la derecha d*e Dios e intercede por nosotros"* (Romanos 8:34). Jesús testificó claramente: *"Yo soy el camino, la verdad y la vida, nadie viene al Padre, sino por mí"* (Juan 14:6, NC). Por otro lado tenemos la declaración de Cristo mismo: "al que a mí viene no lo rechazo" (Juan 6:37). Así que atendamos humildemente la invitación de Dios en su palabra, que por medio del escritor bíblico nos exhorta: "... *Acerquémonos confiadamente al trono de la gracia para recibir misericordia y hallar la gracia que nos ayude en el momento que más la necesitemos"* (Hebreos 4:16).

Fuera de Cristo no hay liberación.

> *"Jesucristo es 'la piedra que desecharon ustedes los constructores, y que ha llegado a ser la piedra angular.' De hecho, en ningún otro hay salvación, porque no hay bajo el cielo otro nombre dado a los hombres mediante el cual podamos ser salvos."*
>
> *(Hechos 4:12)*

Acudamos a este Sacerdote hoy, para que nos libre de nuestros pecados y nos sea Dios y Salvador.

## Cristo es Rey

Según la Escritura misma, Jesucristo es *"el Soberano, Rey de reyes y Señor de señores"* (1ª Timoteo 6:15). Pero, hoy en día, las personas no quieren tener a nadie encima de ellas, dominándolas o dirigiéndolas. Al fin y al cabo, ¿No es esa la libertad que buscamos: la de ser libres de todo dominio, la de ser los únicos "dueños de nuestro destino"? Los mismos que piensan así son cautivos de un error muy común pero fatal.

Aun el que no reconoce otro señor es, como todo hombre no regenerado por Dios, esclavo de sí mismo, esclavo de su propia naturaleza y su propio pecado. Hemos visto que todos somos pecadores y hemos leído las palabras de Jesucristo: *"Todo aquel que hace pecado, esclavo es del pecado."* San Agustín nos ayuda a entender claramente que la esclavitud del pecado es peor que otras clases de esclavitud:

> *"A veces el esclavo, que se cansa de los mandatos del amo insensible, encuentra alivio en la fuga. Pero, ¿a dónde puede huir el esclavo del pecado? No importa a donde huya, no puede escapar de sí mismo. La conciencia perversa no se puede fugar de sí; no tiene a donde ir; antes se sigue a sí misma. Por cierto que el esclavo del pecado no puede separarse de sí mismo, porque el pecado que comete es de dentro. Ha perpetrado el pecado con el fin de obtener algún placer corporal. El placer se desvanece; el pecado permanece. Lo*

*que le encantaba se ha ido; el aguijón ha quedado. "¡Maldito cautiverio!"*

*(Traducción del autor; véase apéndice 1)*

Martin Lutero, después de vivir en carne propia la horrible condición de su pecado, esclavo de su propio egocentrismo, describe en su exposición del libro de Romanos el estado natural del hombre en pecado como *Incurvatus in se (curvado hacia si mismo, esclavizado por su egocentrismo).* Leamos como describe esta terrible condición del hombre lejos de Cristo:

*"Nuestra naturaleza, a causa de la corrupción del ser tan palpablemente curvado hacia si mismo (incurvatus in se), no solo inclina los mejores dones de Dios para su goce egoísta.... sino que también pretende usar a Dios para obtenerlos. Más que todo el ser humano falla en reconocer que perversa, egoísta, y viciosamente trata de obtener todas las cosas, aun a Dios, para su propio provecho."*

*(Traducción del autor, Lutero: Cátedras sobre el libro a los Romanos, Lutero, 1515/6)*

Cada persona necesita un poderoso Rey que lo libere. Los deseos de la carne, los deseos de los ojos y la vanagloria de la vida (1ª Juan 2:16) dominan al hombre. Así que el hombre y la mujer solo pueden ser dominados cuando queden cautivos por un Rey Todopoderoso y Justo.

¿Cuál es la naturaleza del reino de Cristo?

Viviendo en este mundo de hambre, pobreza, guerra y explotación, a veces se busca un escape por medio de la religión, una salida de la miserable realidad. ¿Es esto lo que ofrece el Rey Cristo para sus fieles seguidores? Algunos teólogos enseñan que el reino de Cristo es de este mundo. Pero Cristo dijo: *"Mi reino no es de este mundo."* Y lo proclamó con claridad; de ninguna manera quería que entendiésemos que su reino es de este mundo. El reino de Cristo no promete más pan, ni cambios políticos y comodidades para todos, pero sí tiene relación directa con este mundo. La alegría del reino de Cristo no depende del estado físico o material, o del alivio de todo sufrimiento. Al contrario, consiste en la recepción de todo lo necesario para que con paciencia pasemos las desigualdades de esta vida contentos en Cristo; no contentos con las injusticias, sino contentos en Cristo, a pesar de ellas. Los que pertenecen a dicho reino pueden confiar en las promesas de su Soberano: en que Él nos acompaña (Mateo 28:20), que Su gracia nos apoya (2ª Corintios 12:9), y que El dispone todas las cosas para el bien de quienes lo aman (Romanos 8:28). Por eso, en toda circunstancia (sea dificultad, peligro o muerte), somos *más que vencedores* (Romanos 8:37). Esa confianza en cuanto al resultado final obliga al hombre que tiene el reino de Dios en su corazón a que luche contra las injusticias a su alrededor.

Los seguidores de Jesucristo resucitado no estamos contentos con la presente realidad, que refleja un mundo caído y en rebeldía contra el Rey de reyes. Servimos a Dios haciendo el bien, sirviendo y amando al prójimo en todas las formas posibles para la gloria de Dios. No somos de este mundo, pero estamos en el mundo con la gran misión de extender el reino de Dios hasta que la sociedad sea librada de la culpa y el poder del pecado por Jesucristo, el Rey que ha reinado, que reina y que reinará hasta que haya puesto a todos sus enemigos debajo de sus pies (1ª Corintios 15:25). Porque sólo en Cristo, el Rey de reyes, hay paz, protección y verdadera libertad. El evangelio dice: "Cree en el Señor Jesucristo y serás salvo, tú y tu casa" (Hechos 16:31). Pon tus ojos en Cristo como Maestro (Profeta) tuyo, Sacerdote (Intercesor) tuyo y Rey (Señor) tuyo. Si fijamos los ojos en cualquier otro cristo, los fijamos en un cristo falso y no en el Cristo de la Biblia.

Un español contemporáneo dice justamente que

> *"a la gente le gusta oír hablar de Cristo como el dulce Jesús, el Salvador, pero detesta escuchar los mandamientos de Jesús el Señor, el Dueño y Soberano de todo y de todos. Dios ofrece un Cristo que es Salvador y Señor; pero muchos sólo quieren al Salvador y tratan de desentenderse del Señor. También aquí dividen lo que Dios ha unido: al Redentor compasivo y al Rey justo. Son muchas las almas que no están dispuestas a aceptar la salvación en los*

*términos en que Dios la ofrece. Dan su conformidad a ser salvadas de la condenación, pero no del pecado. Quieren salvarse en sus pecados, no de sus pecados. ¡Nefasta locura! Les gustaría poder salvar el alma, pero al mismo tiempo sus concupiscencias. De nuevo dividen al hombre: dispuesto a que Cristo borre y destruya ciertos pecados que le privan de ser salvo, pero a condición de que no toque ciertas otras concupiscencias. ¡Por amor de tu alma, examina bien si tú también obras así! Tu conversión depende de que entiendas bien esto."*[4]

Con una actitud pastoral hacia quienes equivocan el llamado de Cristo, comenta el cubano Dr. Moisés Silva en su libro ¿Conoces?, acerca de los muchos que *"piensan que es posible ser cristiano, aun por mucho tiempo, sin que uno tenga que rendirse a Jesucristo; que es posible aceptarlo como Salvador sin reconocerlo como Señor y Rey; que es posible creer en Él sin obedecer Sus mandamientos. Amigo mío, ¿es posible que así sean tus sentimientos: 'la Biblia con un cristianismo con fe y sin obras'?* ¿Piensas de veras que si le dices a Jesucristo: *'Muy bien, estoy dispuesto a aceptarte como Salvador, pero si quieres ser parte de mi vida tienes que dejar tu corona afuera, pues yo no quiero obedecerte, Rey'?* ¿Piensas que si dices eso, tú eres salvo? *Yo no lo puedo creer."*[5]

Es verdad lo que ha dicho el doctor Silva. Debes recibir al Cristo completo sin limitaciones, sin excepciones, y sin reservas. La verdadera fe incluye el reconocimiento de la realeza de Cristo, lo recibe y se da a él incondicionalmente; anhela no sólo la liberación del pecado, sino el dominio del Rey de toda justicia. La misma palabra de Cristo que te llama a la conversión tiene poder para operar en ti esta total rendición, de tal forma que te conviertas en su discípulo, uno que por amor a El lo deja y lo entrega todo. Uno que cree obedeciendo y obedece creyendo, por el poder de su palabra en el Evangelio.

Es pura fábula y gran equivocación, pues, la de que ser libre quiere decir eliminar todo dominio. Todo ser humano, tenga dueño mortal o no, sirve al pecado, si no lo ha cambiado por el único Dueño que lo puede reemplazar, uno infinitamente preferible: Dios mismo. ***La liber-***

***tad verdadera es la condición de aquellos que son propiedad directa de Dios.*** La obra liberadora de Dios en todo el Antiguo Testamento nos señala que aunque Israel encuentra en Dios su independencia nacional, esa independencia no implicaba librarse de toda sujeción, ni resultaba en la anarquía social. Implicaba, más bien, obediencia a la ley de Dios, viendo lo cual, el hombre en su orgullo resiste a su propia liberación. Por eso Cristo vino a revelarle que su pretendida libertad (sin ley y sin dueño) es esclavitud.

Además Cristo, por Sus palabras y por Su vida, nos demuestra que no es rebajarse obedecer a Dios. Jesucristo, el Rey, manifestó su sumisión total al Padre y nos enseñó por medio del Padre Nuestro a pedir que Dios nos libre no de *la sumisión* sino *"del mal"* (Mateo 6:13). De hecho, somos verdaderamente libres cuando el pecado ya no nos domina y cuando la Palabra de Cristo domina el corazón y la vida; no cuando podemos hacer lo que queremos, sino cuando queremos hacer lo que debemos por el poder transformador de Dios. Pedro nos exhorta a vivir *"como libres, pero no como los que tienen la libertad como pretexto para hacer lo malo, sino siervos de Dios"* (1ª Pedro 2:16-17, ver Gálatas 5:13).

La verdadera libertad consiste precisamente en ser siervo del único y buen Dios revelado en la Sagrada Escritura. Vivir libre es, efectivamente, someterse a la soberanía total de Él y seguir su ley con fe y en obediencia de corazón. Jesucristo vino a revelarle al hombre que su pretendida libertad (sin ley, sin dueño) es esclavitud y que, como Rey, El nos da libertad y felicidad reales y duraderas. Es imposible quedarse con una sola parte de Cristo y tener sólo al Cristo que salva temporalmente de las consecuencias del pecado. Un Cristo dividido no salva. Es el Cristo total: Profeta, Sacerdote, Rey el que salva.

*¿Puede algo inferior al divino poder subyugar la obstinada voluntad? Tuyo es, Eterno Espíritu, tuyo es formar de nuevo el corazón.Tuyo es someter las pasiones y mandarlas al cielo levantarse; y desprender, de los ojos ciegos de la razón, las duras escamas del error, alejar las sombras de la muerte y hacer que viva el pecador; que brille un rayo de vida del cielo, es tuyo darlo, solo tuyo, Señor.*

*Anne Steele (1716-1778)*

*"Por lo tanto, ya no hay ninguna condenación para los que están unidos a Cristo Jesús, pues por medio de él la ley del Espíritu de vida me ha liberado de la ley del pecado y de la muerte."*

*Romanos 8:1 y 2*

*" Ahora bien, el Señor es el Espíritu; y donde está el Espíritu del Señor, allí hay libertad."*

*2ª Corintios 3:17*

# 4

# El Intérprete del Evangelio: Dios el Espíritu Santo

Dios es trino: Padre, Hijo y Espíritu Santo, pero es un solo Dios, y como tal, salva y libra al hombre esclavizado por el pecado. ¿De qué manera lo hace? Las tres Personas de la santa trinidad obran juntas en sabiduría, soberanía, poder y amor para llevar a cabo la salvación. El Padre es quien planea la liberación de su pueblo, el Hijo es quien redime a ese pueblo en cumplimiento de dicho plan, y el Espíritu Santo - tercera Persona de la trinidad - es quien obra para renovar la mente, vivificar y capacitar al hombre.

## El Intérprete da entendimiento

La ignorancia es madre de errores, idolatrías, supersticiones y engaños, y los que viven en ignorancia quedan bajo el yugo de la servidumbre. En toda la historia de las civilizaciones se ve que hay una relación causal entre ignorancia y opresión. Para los que desean libertad, entonces, la búsqueda del conocimiento debe ocupar el primer lugar, y sobre todo el conocimiento de lo que se puede saber con seguridad. Escribiendo hace más de cuatro siglos, uno de los grandes cristianos de todos los tiempos dijo: *"Casi toda la suma de nuestra sabiduría, que de veras se deba tener por verdadera y sólida sabiduría, consiste en dos puntos a saber: en el conocimiento que el hombre debe tener de Dios, y en el conocimiento que debe tener de sí mismo."*[6]

Respecto al conocimiento del verdadero Dios, sorprende que a menudo los hombres más inteligentes son tan ciegos como los topos. Ya caímos en cuenta de que a Dios nadie lo puede conocer por completo. Pero ¿por qué es que tantas personas quedan ignorantes de lo que sí se puede conocer del Santísimo? No negamos que muchas veces se encuentran en los libros de los filósofos máximas admirables y muy perceptivas respecto a Dios. Pero esas gotitas de veracidad que vierten los filósofos en sus libros, ¡con cuántas mentiras horribles están mezcladas! Y esa falta de entendimiento no se limita al conocimiento de Dios, sino que incluye a toda la ciencia, porque les falta la clave para entender cualquier parte de la creación. Esa clave, definitiva para el verdadero significado de cualquier hecho del universo, está en comprender su relación con el plan del Creador. Como reconoció el sabio Salomón: *"el temor de Jehová es el principio de la sabiduría, y el conocimiento del Santísimo es la inteligencia"* (Proverbios 9:10).

O sea que aunque podamos hacer muchas observaciones sobre la creación y, siguiendo las leyes de la naturaleza, llegar a ciertas conclusiones acertadas, no podemos entender el significado verdadero de ninguna de ellas si rechazamos la luz que nos proporciona su Creador. Muchos hombres y mujeres "inteligentes", aunque buscan libertad personal, no aceptan al gran Libertador, Jesucristo. Y no lo quieren sencillamente porque son ciegos, no en el sentido físico, sino espiritualmente.

Se da por sentado que el sol da suficiente luz para que todos puedan ver con claridad; sin embargo, hay personas que no pueden ver, pues son ciegos. El hombre natural es ciego espiritualmente y necesita de alguien que le abra los ojos. Necesita la obra divina para ver a Cristo. No culpamos al sol porque algunos no puedan ver. La culpa está en su propia ceguera. Espiritualmente, el hombre es ciego, y es menester que sean alumbrados los ojos de su entendimiento. Dios tiene que resplandecer en el corazón.

> *"Porque Dios, que ordenó que la luz resplandeciera en las tinieblas, hizo brillar su luz en nuestro corazón para que conociéramos la gloria de Dios que resplandece en el rostro de Cristo."*
>
> *(2ª Corintios 4:6, VP)*

Este conocimiento de Jesús trae consigo la libertad.

El hombre moderno no entiende el evangelio porque el pecado oscurece su entendimiento y ejerce influencia perniciosa en su vida mental, según se dice en la Escritura: *"Pero el hombre natural no percibe las cosas que son del Espíritu de Dios, porque para él son locura, y no las puede entender, porque se han de discernir espiritualmente"* (1ª Corintios 2:14). El hombre natural ni siquiera reconoce el pecado que le enceguece y le esclaviza. Es el mismo Espíritu Santo quien convence del pecado y de la verdad (Juan 16:8). El Espíritu Santo ha venido al mundo primero a mostrarnos lo ignorantes que somos, después a concedernos luz para la oscuridad de nuestras mentes, y finalmente a rescatarnos de la ignorancia y darnos libertad de entendimiento.

## El Intérprete da vida

El mismo nombre del Espíritu Santo nos enseña otro oficio que la tercera Persona de la Santa Trinidad desarrolla en la liberación del hombre. La palabra "espíritu", igual que sus equivalentes en hebreo y griego, está relacionada con el hálito que indica la presencia de vida. El Espíritu Santo es la fuente de toda vida, y en particular, de la vida espiritual. ¡He aquí la grandeza de la obra del Espíritu: que da vida a los muertos! *"nos dio vida con Cristo, aun cuando estábamos muertos en pecados. ¡Por gracia ustedes han sido salvados!"* (Efesios 2:1). *"Y si el **Espíritu** de aquel que levantó a Jesús de entre los muertos vive en ustedes, el mismo que levantó a Cristo de entre los muertos también dará **vida** a sus cuerpos mortales por medio de su **Espíritu**, que vive en ustedes"* (Romanos 8:11).

Charles Spurgeon, sostenedor de la necesidad de la obra del Espíritu Santo, predicaba de esta manera:

> *"Pecador, pecador inconverso, te advierto solemnemente que jamás puedes por ti mismo nacer de nuevo, y aunque el nuevo nacimiento es absolutamente necesario, te es completamente imposible, a menos que Dios, el Espíritu Santo, lo haga. Haz lo que sea, y aun en el mejor de los casos habrá una división tan ancha como la eternidad entre ti y el hombre regenerado. Es preciso que el Espíritu de Dios te cree de nuevo, tienes que nacer de nuevo. No olvidemos jamás que la salvación de un alma es una creación. Ahora bien: nadie ha podido jamás crear ni una mosca. Sólo Jehová crea. Ningún poder, humano o angélico, puede inmiscuirse en este glorioso*

*terreno del poder divino. La creación es campo de actividad de Dios. Ahora bien: en todo cristiano hay una verdadera creación: "Creados de nuevo en Cristo Jesús." El mismo poder que levantó a Jesús de los muertos; la mismísima omnipotencia, sin la cual no podrían haber existido ni los ángeles ni los gusanos, ha de salir nuevamente de sus cámaras y efectuar una obra tan grande como en la primera creación, para hacernos de nuevo en Cristo Jesús nuestro Señor. La misma iglesia cristiana trata de olvidarlo constantemente, pero toda vez que esta antigua doctrina de la regeneración es presentada de modo categórico, Dios se complace en favorecer a su iglesia con un avivamiento."*[7]

La vida espiritual es un cambio radical en el corazón y en la naturaleza del hombre. Es un nuevo nacimiento. ¡Es libertad! Los hijos de Dios *"no nacen de la sangre, ni por deseos naturales, ni por voluntad humana, sino que nacen de Dios"* (Juan 1:13). La nueva vida se efectúa por obra y gracia del Espíritu Santo.

## El Intérprete da poder

El hecho de que es el Espíritu de Dios quien da el poder para la salvación es algo que se ha olvidado en gran parte, incluso en muchas iglesias. Un ejemplo clásico en la historia de América Latina es el de los conquistadores, quienes practicaron un "evangelismo" belicoso. La forma usada por ellos casi universalmente consistía en que primero le anunciaban al monarca de los indígenas, a los cuales iban a atacar, un sumario de la fe cristiana, exigiéndole sumisión al emperador y a la "fe cristiana". Si el monarca rehusaba, como se anticipaba en la mayoría de los casos, entonces los conquistadores consideraban justificado usar la fuerza. Siguiendo este criterio, en el Perú, durante la mañana del traicionero ataque contra Cajamarca, y de la captura del Inca, el fraile dominico Valverde se presentó ante el monarca Atahualpa, llevando la cruz en la mano derecha y la Biblia en la izquierda. El dominico pronunció una homilía adaptada de un modelo compuesto por los teólogos y jurisconsultos de la época, que al terminar rezaba: "*(...) Los papas, que son los sucesores de San Pedro, gobiernan al género humano; y todas las naciones, en cualquiera parte que vivan, y sea la que quiera su religión, deben obedecerles. Un papa ha dado a los reyes de España todos estos países para pacificar a los infieles y traerlos al dominio de la Iglesia Católica fuera de la cual nadie puede salvarse. El gobernador Pizarro ha venido con esta comisión. Debéis pues, Señor, reconoceros tributario del Emperador, abandonar el culto del sol y todas las idolatrías que os llevarían al infierno, y recibir la religión verdadera. Si así lo hacéis, Dios os dará el premio y los españoles os protegerán contra vuestros enemigos."* El Inca replicó altivamente que él no sería vasallo de ningún rey. Negó además el derecho del Papa a distribuir tierras que no le pertenecían y rehusó cambiar su "dios-sol" por otro dios.

Por eso los conquistadores le tomaron cautivo, y *"después de haber estado Atahualpa cautivo nueve meses y medio, los españoles faltaron a la palabra que con él habían empeñado respecto a su libertad, y tras un juicio que fue una farsa, lo condenaron a ser quemado. Valverde, a quien correspondía la responsabilidad principal de la sentencia, se aproxi-*

*mó entonces al condenado prometiéndole que si se hacía cristiano, la muerte por el fuego le sería conmutada por la más rápida del garrote. El Inca consintió y se bautizó (...) Tras el bautismo, Atahualpa fue estrangulado por medio del terrible garrote, mientras los españoles lo rodeaban cantando el credo."*[8] Lo que hiciera Francisco Pizarro (1478-1541) en el Perú, en cuanto a usar "la cruz y la espada" era el trato común de los conquistadores de la época. Como ejemplo admirable de los pocos que se oponían a tales métodos, encontramos al Fray Bartolomé de las Casas, contemporáneo de Pizarro, también perteneciente a la noble raza española, quien escribió en 1537 unos consejos muy bíblicos sobre el evangelismo. Estos se leían como sigue:

> *"Para predicar el Evangelio conforme a la intención de Cristo y su mandato se han de observar (...) condiciones:*
>
> - *En primer lugar que los oyentes, sobre todo si son infieles, comprendan que los predicadores de la fe no tienen la intención de ejercer sobre ellos ningún dominio.*

- *La segunda condición es que los oyentes no puedan sospechar que los que predican tienen ambición de riquezas (...)*
- *La tercera condición es que los predicadores se muestren tan humildes, afables, pacíficos y acogedores al hablar con sus oyentes, que hagan nacer en ellos el deseo de escuchar con placer y reverencia (...)"*
- *Fray Bartolomé de la Casas, De la única manera de conducir los pueblos infieles a la verdadera religión.*
  *(véase la revista Pensamiento Cristiano N 89)*

Con seguridad, hoy en día todo el mundo rechazaría el uso de la fuerza física en el evangelismo, pero hoy se practica otra desfiguración igualmente lamentable del maravilloso evangelio de Jesucristo: la de manipular a las masas con el poder psicológico. Como escribe el Dr. Juan Samuel Boonstra, gran cristiano argentino:

*"Usted ha visto quizá esas reuniones donde se predican segmentos de la Palabra de Dios, pero no resulta ser importante la predicación, sino lo que viene después. Una*

*vez terminado el sermón, parece como que el oficiante se ve librado de restricciones y empieza a ofrecer salvación a los oyentes como si fuese alguna mercancía de enorme valor. Jesucristo es el don más precioso de Dios a los hombres, pero no es mercancía que se ofrece al público como se hace en una subasta pública. No hay un solo ejemplo de tales prácticas en toda la Escritura y uno se pregunta, asombrado, de dónde ha surgido semejante costumbre. Se ha hecho parte tan importante de tanta religión moderna, que la gente ya ni piensa siquiera si es correcto o no.*

*"¿Sabía usted que ese esfuerzo casi sobrehumano de obligar a la gente a aceptar a Jesucristo es algo netamente norteamericano? Tal cosa se inventó en los Estados Unidos durante un periodo de la historia en que un predicador muy inspirado, pero que no le daba mucha importancia a las verdades de la Biblia, creyó que era necesario hacer con el evangelio lo que se hace en el arte de vender: hay que hacer que el cliente firme y que firme enseguida, antes de que tenga tiempo de recapacitar, o de 'enfriarse' nuevamente. ¿Cómo puede un*

*hombre que ha nacido en pecado y que ha vivido una vida entera en pecado, tener la capacidad suficiente como para aceptar a Jesucristo así? ¿No es acaso la obra del Espíritu Santo la que lleva a un hombre a entregarse a Jesucristo? Cierto es que no puede ser jamás la influencia de un hombre elocuente o de estrategias influyentes. Esto abarata la religión estupenda que costó a Jesucristo su misma sangre. Religión ciertamente, pero con frecuencia desciende a los niveles de la religión barata."*[9]

A estos llamados "evangelistas" y "predicadores", que emplean trampas tan viles como la que usó Valverde y engaños psicológicos para persuadir a sus oyentes respecto a un cambio de religión, quizá se les ha olvidado que el poder humano no sirve para librar al hombre de la esclavitud de sus pecados. Dios en la Biblia nos dice claramente que la recepción del Cristo Libertador no viene con estrategias o poder humano.

*"'No será por la fuerza ni por ningún poder, sino por mi Espíritu' -dice el Señor Todopoderoso."*

*(Zacarías 4:6)*

También la Palabra de Dios establece que los cristianos *"no nacen… por deseos naturales, ni por voluntad humana, sino que nacen de Dios"* (San Juan 1:13). Sólo por medio del Espíritu Santo dado por Dios hay poder de salvación. Pídele a Él entendimiento, vida nueva y liberación del pecado.

> *"Ahora bien, el Señor es el Espíritu; y donde está el Espíritu del Señor, allí hay libertad."*
>
> *(2ª Corintios 3:17)*

*"Pero nadie puede salvarse a sí mismo*

*Ni pagarle a Dios porque le salve la vida.*

*No hay dinero que pueda comprar la vida de un hombre,*

*Para que viva siempre y se libre de la muerte,*

*Pues se ve que todos mueren por igual,*

*Lo mismo los sabios que los tontos,*

*Y se quedan para otros sus riquezas."*

*Salmo 49:7-10 (VP)*

*"La muerte es la institución más democrática del mundo.*

*Llega a todo hombre, sin hacer caso a raza, educación, posición económica o social.*

*No permite parcialidad, ni tolera excepción alguna.*

*La proporción de la muerte a la humanidad es igual en todo el mundo: una muerte por persona."*

*Dr. F. C. Kuehner*

*"Nos has hecho para ti, y nuestro corazón está inquieto hasta que descanse en ti."*

*San Agustín*

# 5

# La Demanda

Hemos descubierto algo acerca del evangelio verdadero, que es "el evangelio de Dios." Hemos visto a Dios el Padre, el Autor del evangelio; a Dios el Hijo, su Tema; y a Dios el Espíritu Santo, su Intérprete. Ahora, y para terminar nuestra presentación del evangelio, reflexionemos sobre Dios como el interlocutor que nos demanda reflexión, arrepentimiento y fe en virtud de su evangelio.

## El Evangelio demanda reflexión

Este estudio del evangelio no es abstracto, o desconectado de la vida diaria, sino real y personal. Es una realidad que exige tu consideración. Exige tu reflexión seria y detenida, porque tu vida se va acabando. Aunque con enorme afán muchos han buscado la "fuente de la eterna juventud", no la han hallado. No existe manera de evitar la hora de morir. Es una realidad que debemos enfrentar. Como lo expresaba Sancho Panza en palabras muy descriptivas a don Quijote de la Mancha:

> *"No hay que fiar en la descarnada, digo, en la muerte, la cual también come cordero como carnero; y a nuestro cura he oído decir que con igual pie pisaba las altas torres de los reyes como las humildes chozas de los pobres. Tiene esta señora más de poder que de melindre; no es nada asquerosa: de todo come y a todo hace, y de toda suerte de gentes, edades y preeminencias hinche sus alforjas. No es segador que duerme las siestas; que a todas horas siega, y corta así la seca como la verde yerba; y no parece que masca, sino que engulle y traga cuanto se le pone delante, porque tiene hambre canina, que nunca se harta; y aunque no tiene barriga, da a entender que está hidrópica y sedienta de beber las vidas de cuantos viven, como quien se bebe un jarro de agua fría."*

La muerte es una realidad inevitable para todos. El salmista hace muchos siglos declaró esta verdad de la siguiente manera:

> *"Nadie puede salvarse a sí mismo ni pagarle a Dios porque le salve la vida. No hay dinero que pueda comprar la vida de un hombre, para que viva siempre y se libre de la muerte. Pues se ve que todos mueren por igual, lo mismo los sabios que los tontos, y se quedan para otros sus riquezas."*
>
> *(Salmo 49:7-10, VP)*

No cabe duda de que *"la muerte es la institución más democrática del mundo. Llega a todo hombre, sin hacer caso a raza, educación, posición económica o social. No permite parcialidad, ni tolera excepción alguna. La proporción de la muerte a la humanidad es igual en todo el mundo: una muerte por persona"* (palabras del fallecido Dr. F. C. Kuehner, exprofesor de hebreo y griego del Seminario Episcopal Reformado de Filadelfia, EEUU).

Sí, reconocemos que a todos nos espera el día de la muerte. De hecho, según observó un escritor, *"el hombre es, entre todas las criaturas, el único que sabe que va a morir."* Frente a esta triste realidad, sentimos que podríamos hacer nuestra la voz de San Pablo cuando clamó:

*"Infeliz de mí.*

*¿Quién me va a librar de este cuerpo que me lleva a la muerte?"*

*(Romanos 7:24, VP)*

Ahora bien, San Pablo no nos deja con la simple pregunta, porque él tenía también la respuesta, y en consecuencia se adelantó a dárnosla:

*"Solamente Dios, por medio de nuestro Señor Jesucristo."*

*(Romanos 7:25)*

Con esta misma claridad, el mismo apóstol, en otro lugar señala:

*"Él [Dios] nos libró y nos librará de tal peligro de muerte.*

*En él tenemos puesta nuestra esperanza, y él seguirá librándonos."*

*(2ª Corintios 1:10)*

Para los que confiamos plenamente en la vida y muerte de Cristo, la muerte física no es más que el instante de pasar de este mundo de aflicciones a la gloriosa presencia de Dios. Pero para los que no han puesto su fe en Cristo, la muerte física es perderlo todo. Por esta razón, Dios hace esta severa advertencia: *"Y así como está establecido que los seres humanos mueran una sola vez, y después venga el juicio"* (Hebreos 9:27). En cuanto a este juicio, Dios nos asegura que solamente *"seremos librados del castigo final por medio de él"*, es decir de Cristo (Romanos 5:9, VP). Este "castigo final" es lo que viene después de la muerte de cada ser humano, y por ello la Palabra de Dios nos urge a volvernos a Cristo y asegurarnos, sin sombra de duda, de que estamos salvos de la esclavitud de nuestros propios pecados, por medio de la fe en El.

De acuerdo con la sólida Palabra de Dios, hoy en día podemos llegar a gozar de la certeza de que somos salvos. Esta confianza segura en la palabra de Dios es modelada por Pablo cuando, estando todavía en este mundo, describió su liberación de la muerte como algo ya ocurrido. Dijo que el *Padre "nos libró del dominio de la oscuridad y nos trasladó al reino de su amado Hijo, en quien tenemos redención, el perdón de pecados"* (Colosenses 1:13, 14).

Sabemos que vamos a morir. Y aunque no sabemos cuándo, seriamos insensatos si postergáramos para un futuro incierto el definir nuestro destino final. Las Escrituras nos advierten:

> *"No te jactes del día de mañana, porque no sabes qué dará de sí el día."*
> *(Proverbios 27:1)*

> *"Porque él dice: «En el momento propicio te escuché, y en el día de salvación te ayudé.» Les digo que éste es el momento propicio de Dios; ¡hoy es el día de salvación!"*
> *(2ª Corintios 2:6)*

Esta es la hora de responder al evangelio de Dios. ¿De qué manera podemos responder?

## El Evangelio demanda arrepentimiento

Dios nos llama al *"arrepentimiento para con Dios y la fe en nuestro Señor Jesucristo"* (Hechos 20:21, RV). Hoy en día, en muchas presentaciones del evangelio, se prefiere olvidar el tema del arrepentimiento. No es ni popular, ni agradable al hombre en su naturaleza carnal, reconocerse pecador y vil ante los ojos del Dios Santo y Justo. A pesar de ello y justamente por esta razón, el arrepentimiento es una parte indispensable de la liberación. Esto lo mostró nuestro Señor Jesucristo, quien comenzó su ministerio con el mensaje de arrepentimiento (Mateo 4:17, Marcos 1:15), y después lo constituyó como uno de sus últimos mandatos (Lucas 24:47). De igual manera, los apóstoles lo predicaban en obediencia a su Maestro. Pedro, en el día de Pentecostés, lo exigió (Hechos 2:38), y Pablo siempre insistía en la necesidad del arrepentimiento. En su famoso sermón a los atenienses, en el antiguo Areópago griego, Pablo les declaró que Dios *"ahora manda a todos, en todas partes, que se arrepientan"* (Hechos 17:30). Y al recapitular todo su ministerio, Pablo reafirmó que siempre había testificado a judíos y a gentiles acerca del arrepentimiento para con Dios (Hechos 20:21).

En nuestra época tiene mucha acogida la práctica de anunciar el evangelio sin mencionar el arrepentimiento, y se justifica dicha omisión al adoptarse el punto de vista pragmático de que en vista de que no tiene buena recepción tal punto, es mejor darle a la gente algo que reciba, aunque sólo sea una parte de todo el evangelio. Pero el evangelio pertenece al Dios eterno, y es tremendamente peligroso cambiarlo según nuestra conveniencia (Gálatas 1). No vamos a ser irresponsables para reducir o seleccionar unas partes del mensaje evangélico, con el fin de procurar que más personas lo reciban. El mensaje de la libertad no cambia con las épocas como las ideas de los hombres. Aunque parezca pasado de moda, no tenemos ningún derecho de callarnos en cuanto a un paso tan esencial como el arrepentimiento.

Siendo absolutamente necesario arrepentirse para conocer la libertad de Dios, entonces,

¿Qué es ese arrepentimiento de que hablaban Jesús y sus discípulos? La verdad es que Jesucristo, en su ministerio terrenal, no fue el primero en predicarlo. Al contrario, por todo el Antiguo Testamento vemos que Dios demandó que se arrepintieran para que Él les perdonara. Y precisamente en la primera parte de Las Sagradas Escrituras (que llamamos el Antiguo Testamento) encontramos muchos ejemplos y explicaciones que nos ayudarán a entender lo que Dios nos quiere decir con esta palabra "arrepentimiento." Entre ellos podemos considerar las palabras contritas del salmista hacia Dios:

> *"Contra ti he pecado, sólo contra ti, y he hecho lo que es malo ante tus ojos; por eso, tu sentencia es justa, y tu juicio, irreprochable."*
>
> *(Salmo 51:4)*

> *Me he puesto a pensar en mis caminos, y he orientado mis pasos hacia tus estatutos."*
>
> *(Salmo 119:59)*

Y palabras de Dios a Su pueblo sobre su futura restauración:

> *"Así se acordarán ustedes de su mala conducta y de sus acciones perversas, y sentirán vergüenza por sus propias iniquidades y prácticas detestables."*
>
> *(Ezequiel 36.31)*

Estos versos de la Biblia nos indican que el verdadero arrepentimiento incluye el reconocimiento de haber desobedecido la ley de Dios (Romanos 3:20), y que nuestros pecados constituyen rebelión contra Dios. Cuando uno se arrepiente después de considerar sus "caminos" a la luz de la Palabra de Dios, lamenta sus pecados personales: el adulterio, las mentiras, los robos y asesinatos, sean actos concretos o sólo pensados. Se arrepiente también de los pecados sociales, en relaciones interpersonales. El pecador arrepentido ve sus actos, aun los más buenos y loables (Isaías 64:6), como actos de independencia y rebeldía contra Dios, con los cuales se erigía como dios de su propia vida, y aun de la vida de otros, como quien buscaba "en el lugar equivocado" su felicidad y dicha, atesorando solo más juicio y consecuencias por su pecado (Jeremías 2:13). El hombre y la mujer arrepentidos lloran por las injusticias atroces y la explotación que han perpetrado contra sus semejantes. Los políticos antes deshonestos deploran su anterior torpeza; los capitalistas materialistas que han abusado de sus bienes, lo sienten. Los varones compungidos confiesan la idolatría que han hecho del sexo, don de Dios. Las mujeres se arrepienten por elevar a la condición de ídolos a sus hijos y su propio cuerpo. Los empleados reconocen sus astucias para trabajar menos y conseguir más siendo desleales con el Dios soberano que generosamente les entregó las habilidades y talentos para servirle ante todo a Él. A los gobernantes que se han aprovechado de la confianza del pueblo en beneficio propio, les duele haberlo hecho. Los que han traficado con drogas para mal de tantos seres humanos, se apesadumbran.

No importa la clase o la gravedad de sus maldades a los ojos de los hombres, todos los que se arrepienten se dan cuenta de que, sobre todo, sus pecados han sido cometidos contra Dios, y que no merecen otra cosa que la condenación justa del Creador y Juez Santo. Esto es lo que hacían tantos y tantas que venían arrepentidos confesando sus pecados ante la predicación de Juan el Bautista, preparándose así para recibir el poderoso ministerio salvador de Cristo Jesús (Marcos 1:3-5; Lucas 3:7-18).

Cabe mencionar el impresionante ejemplo de los Efesios, quienes ante la predicación de Pablo expresaban su arrepentimiento públicamente. Leamos:

*"Y muchos de los que habían creído venían, confesando y dando cuenta de sus hechos.*

*Asimismo muchos de los que habían practicado la magia trajeron los libros y los quemaron delante de todos; y hecha la cuenta de su precio, hallaron que era cincuenta mil piezas de plata.*

*Así crecía y prevalecía poderosamente la palabra del Señor."*

*(Hechos 19:18-20)*

Además de admitir sus acciones malas, el que se arrepiente para vida, confiesa con tristeza y humildad que todo su ser es corrompido y que no hay nada bueno en él. Por eso, se avergüenza de sí mismo, de su propia naturaleza, delante de Dios. El arrepentimiento involucra toda la persona: su intelecto, sus emociones y su voluntad. Es un cambio de actitud (2ª Corintios 7:10,VP), un cambio de sentimientos (Salmo 51:2, 10, 14), y un cambio de propósito (Marcos 1:15-17). Es volverse del pecado total y absolutamente. En la persona arrepentida hay una disposición a buscar el perdón y la pureza (Salmo 51:10). Es una transformación completa del ser, el abandono de su propio reinado y de su justicia personal.

Como se puede apreciar, tal reconocimiento no sale naturalmente del corazón de la persona, y por lo tanto no puede ser obra del hombre mismo, porque va en contra de toda su naturaleza y su orgullo. Por eso, es buena noticia el saber que no es algo que tiene que producir el hombre por su propia cuenta. Es don de Dios. Su benignidad nos guía al arrepentimiento verdadero (Romanos 2:4) y nos saca de la hiel de amargura y de la prisión de maldad en que vivimos sin Él (Hechos 8:21-23).

Es por esto que todos los predicadores del evangelio, emocionados y agradecidos, predicamos lo que Jesús nos comisionó:

> *"Entonces les abrió el entendimiento para que comprendieran las Escrituras.*
>
> *–Esto es lo que está escrito –les explicó–: Que el Cristo padecería y resucitaría al tercer día, y en su nombre se predicarán el arrepentimiento y el perdón de pecados a todas las naciones, comenzando por Jerusalén. Ustedes son testigos de estas cosas."*
>
> *(Lucas 24:45-48)*

La libertad ha llegado con Jesucristo. No es una simple promesa, mera proclamación o anuncio del acontecimiento. Es también, y a la vez, un llamado al arrepentimiento y a la fe:

> *"Se ha cumplido el tiempo –decía–. El reino de Dios está cerca. ¡Arrepiéntanse y crean las buenas nuevas! (el evangelio)"*
> *(Marcos 1:15)*

## El Evangelio demanda fe

La fe es otro regalo de Dios. Éste existe como gemelo del arrepentimiento y siempre lo acompaña. Vimos antes que Dios insta *"al arrepentimiento para con Dios, y la fe en nuestro Señor Jesucristo."* No existe el verdadero arrepentimiento sin fe en Cristo. Cuando Dios nos da ese don de arrepentirnos, abandonamos toda confianza en nosotros mismos y nos arrojamos totalmente sobre Él, en busca de perdón y paz. Conscientes de nuestra propia impotencia para librarnos, vemos entonces la necesidad de buscar fuera de nosotros mismos esperanza para obtener la verdadera libertad. Esto se hace por medio de la fe. Con los ojos de la fe que Dios nos da, percibimos que Cristo hizo todo lo necesario para nuestra salvación. Él es el autor y consumador de la fe. Él sufrió la cruz en nuestro lugar (Hebreos 12:2).

Al igual que el arrepentimiento, la verdadera fe es don de Dios. De ninguna manera nace de nosotros mismos esa capacidad de encontrar en Cristo toda la obra de salvación (Efesios 2:4-8). Cristo nos atrae hacia el Padre, quien produce en nosotros así el querer como el hacer, por Su buena voluntad (Filipenses 2:13). Es, precisamente, al reconocer que no tenemos la habilidad natural para cumplir las obras que Dios en el evangelio nos demanda, que desesperamos en nuestros inútiles esfuerzos y preguntamos con ansiedad: *"¿Qué debo hacer para ser salvo?"* El evangelio responde sencillamente: *"Cree en el Señor Jesucristo"* (Hechos 16:30-31). No es nuestra fe lo que nos salva, sino Cristo. No es que nosotros nos acojamos a Cristo, sino que Él nos toma a nosotros. La fe auténtica no confía en sí misma, sino en Cristo.

> *"En la increada luz que nunca muere, mis ojos fijos en tus ojos, Cristo, mi mirada anegada en Ti, Señor."*
>
> *(Miguel de Unamuno,*
> *en El Cristo de Velázquez, p. 145)*

¿Cómo puedes tú creer en Cristo? Reconociéndote pecador, consuélate en que Cristo murió por los pecadores. Mira, pues, a Cristo, habla a Cristo, clama a Cristo, tal como eres. Pídele que obre en ti el arrepentimiento verdadero y la fe firme. Confesando tus pecados, tu impenitencia y tu incredulidad, arrójate sobre Su misericordia y pídele un corazón nuevo. Confía en las promesas de Dios que encuentras en su Santa Palabra. Sigue buscándolo sin descansar hasta que sepas dentro de ti sin sombra de duda que eres en verdad un ser cambiado, un creyente penitente, y que el corazón nuevo que has deseado, ha sido puesto dentro de ti.

> *"Tal como soy de pecador, sin más confianza que tu amor, ya que me llamas, acudí. Cordero de Dios, heme aquí."*
>
> *(Canción: "Tal como soy",*
> *Charlotte Elliott, 1836)*

Así pasarás de muerte a vida (San Juan 5:24), de la esclavitud a la plena libertad. La salvación es la libertad definitiva, ya que te libra de las consecuencias y del poder del pecado. Te librará además de sentirte hostigado por esa horrible y pretendida "libertad" que has demandado y te ha esclavizado, dejándote en cambio enteramente libre para gozarte en conocer y servir a tu Creador y Dios. Cristo dice:

> *"Vengan a mí todos ustedes que están cansados y agobiados, y yo les daré descanso."*
>
> *(Mateo 11:28)*

El hombre moderno, auto engañado, es como los conquistadores de España del siglo XVI que cantaban mañana y tarde:

> *"Da un paso más... da un paso más y tendrás el oro en tus manos."*

No hay descanso en la búsqueda de los bienes de este mundo, pero sí lo hay en nuestro Hacedor; o como dijo San Agustín hace muchos siglos:

> *"Nos has hecho para ti, y nuestro corazón está inquieto hasta que descanse en ti."*

Si tú no has descansado en Cristo, si no has experimentado la plena libertad que Él trae, te dejo con el Dios de misericordia, pidiéndole a su Hijo que se revele a sí mismo a ti, sabiendo y confiando en sus palabras:

> *"Nadie puede venir a mí si no lo atrae el Padre que me envió, y yo lo resucitaré en el día final."*
>
> *(Juan 6:44)*

¡De esta manera puedes venir a Cristo para ser reconciliado con el Padre, y ser adoptado hija o hijo Suyo para siempre! No estás excluido de esta demanda del evangelio, ni de gozar de sus bendiciones. Dios concluye todo Su mensaje a la raza humana con esta invitación:

> *"El que tenga sed, venga; y el que quiera, tome gratuitamente del agua de la vida."*
>
> *(Apocalipsis 22:17)*

Él te recibirá y te librará para esta vida y para la eternidad. Por siempre le daremos a Él toda la gloria y la alabanza.

¡GLORIA A DIOS!

# 6

# ¿Cómo puedes tener libertad en Cristo?

Aquí algunos ejemplos de quienes hallaron la gracia por medio de la fe en Cristo Jesús.

¿Qué debes hacer si no eres cristiano aún? Dios te llama a apartarte de tu vida de pecado y a acudir al Señor. Elige la vida en Jesucristo y apártate deliberadamente del pecado y de la muerte. Sí, esa es una decisión que debes adoptar y ejecutar en la medida en que Dios te abra los ojos a la realidad y te dé gracia para obedecer. Debes confesar que "Jesús es el Señor" con tus propios labios y bautizarte públicamente si crees de corazón que Dios resucitó a Jesucristo de entre los muertos (Hechos 2:38; Romanos 10:9).

¿Necesitas una explicación más pormenorizada? Permíteme ayudarte con una maravillosa historia extraída de "Vida y Extraordinarias y Portentosas Aventuras de Robinson Crusoe". Un buen amigo mío, David K. Straub (destacado dirigente entre los bautistas reformados en los últimos años del siglo XX), tenía por costumbre comprar ejemplares de segunda mano de este clásico literario para distribuirlos como obsequios evangelísticos. David oraba por que las personas llegaran a comprender y experimentar la conversión verdadera a través de su lectura. En el relato de la experiencia de Robinson Crusoe, su autor, Daniel Defoe, nos ofrece una clara descripción de una verdadera conversión espiritual. La "entrada del diario" con fecha del 30 de septiembre de 1659 nos proporciona el contexto:

"Yo, pobre miserable Robinson Crusoe, después de haber naufragado durante una terrible tempestad, llegué a esta desdichada isla, que llamé Isla de la Desesperación. Toda la tripulación pereció, y yo estaba más muerto que vivo. Pasé el resto del día en medio de la más profunda desolación, a causa de las trágicas circunstancias a las que me veía reducido.

A saber: no tenía alimentos, ni casa, ni ropas, ni armas, ni sitio donde refugiarme y, careciendo de todo alivio, no veía otra perspectiva que morir devorado por los animales feroces, aniquilado por los salvajes o asediado por el hambre. Al llegar la noche, me subí a un árbol para protegerme de las fieras y dormí profundamente, aunque llovió toda la noche".

Defoe pasa a relatar en su novela las asombrosas demostraciones de cuidado que tuvo Dios para con él, náufrago, en los siguientes nueve meses; cómo Dios ofreció a Crusoe la posibilidad de descargar del barco muchas cosas necesarias para la vida antes de que el viento y el mar lo destruyeran por completo. Luego el autor nos describe la forma en que Robinson, después de estar a punto de morir de fiebre, se despertó el 4 de julio y anotó en su diario:

"Por la mañana cogí la Biblia y comencé por el Nuevo Testamento. Me apliqué seriamente a su lectura y me impuse leerlo a ratos todas las mañanas y las noches sin subordinarme al número de capítulos, sino a mi interés por seguir leyendo. Al cabo de un tiempo de observar seriamente esta práctica, sentí que mi corazón estaba sincera y profundamente contrito por la perversidad de mi vida pasada.... Las palabras 'Todas estas cosas no han suscitado tu arrepentimiento' afectaron gravemente mi espíritu. Estaba rogando a Dios insistentemente que me concediese el don del arrepentimiento, cuando providencialmente, ese mismo día, leyendo las Escrituras, me encontré con estas palabras: 'A este [Cristo] Dios ha exaltado con su diestra por Príncipe y Salvador, para dar arrepentimiento y perdón de pecados.' Dejé el libro y elevé mi corazón y mis manos al cielo en una especie de éxtasis, exclamando en voz alta:

–¡Jesús, Tú, hijo de David, Jesús, Tú que eres glorificado como Príncipe y Salvador, concédeme el arrepentimiento y el perdón!

Podría decir que era la primera vez en mi vida que oraba en el verdadero sentido de la palabra, puesto que ahora lo hacía con pleno conocimiento de mi situación y con una real esperanza evangélica, fundada en la palabra de aliento de Dios; y por primera vez, puedo afirmarlo, comencé a confiar en que Dios me escucharía.

Ahora comencé a interpretar las palabras mencionadas, "Invócame y te liberaré," en un sentido diferente del que lo había hecho antes, puesto que entonces no tenía la menor noción de nada que pudiese llamarse salvación, si no se refería a la condición de cautiverio en la que me encontraba. Sin duda, aunque había pasado largo tiempo en aquel sitio, la isla era una verdadera prisión para mí, en el peor sentido del término, pero ahora aprendí a verlo desde otra perspectiva. Ahora repasaba mi vida pasada con tanto horror, y mis pecados me parecían tan tremendos, que mi alma no buscaba en Dios otra cosa que el perdón, por el peso de las culpas que me impedían todo consuelo. En cuanto a mi vida solitaria, ya no era nada; ya no rogaba a Dios que me salvara de ella ni lo pensaba, puesto que no significaba nada en comparación con aquello. Y agrego esto aquí para indicar a quien lo lea que, cuando se llega a aceptar el verdadero sentido de las cosas, el perdón por el pecado es una bendición más grande que la liberación del dolor".[18]

Ciertamente, Dios obra de forma distinta en cada persona. ¡Sería una necedad intentar repetir la experiencia de Robinson Crusoe (o la de cualquier otro)! Pero aunque las circunstancias varíen extremadamente, la asombrosa gracia de Dios es idéntica en todos los que vienen a Cristo. Puede ser que ya has descubierto que estás muerto en tus delitos y tus pecados, pero Dios, que es rico en misericordia, puede darte vida con Cristo. A esto nos referimos cuando exclamamos que nos salvamos solo por gracia por medio de la fe en Jesucristo! (Efesios 2:1-9).

Ahora escucha esta historia, esta vez no es sacada de la literatura universal, sino de un relato de la vida real.

En un volumen impreso en 1817 aparecieron las *"Narraciones del reverendo Joseph Samuel C.F. Frey"*, editor de la Biblia Hebrea Vander Hooght. Allí se registra la interesante historia de un judío que se convirtió en cristiano. Permítanos citarla:

Conversión de un Judío en Leipzig, 1810.

Un estudiante pobre de la universidad de Leipzig, teniendo la oportunidad de visitar a unos amigos en otra ciudad, se vio en la necesidad de empeñar algunos de sus libros para proveerse del dinero necesario. Con este fin acudió al negocio de un judío devoto para empeñar su Biblia Hebrea y su Nuevo Testamento en griego. Este último contenía el nuevo testamento en dos columnas, una en alemán y otra en griego. El judío no le ofreció por sus libros más que medio "rix dólar".

Durante la ausencia del estudiante, el judío emprendió la lectura del Nuevo Testamento. Sus metas, con esta lectura, consistían en confirmar su antipatía hacia Jesús, saber cómo ridiculizar su figura en la sinagoga, y prepararse mejor para defender con celo su fe judía. Su esposa y sus hijos no fueron autorizados para abrir o ver dicho libro. Él estaba determinado a leerlo a solas, como un enemigo recalcitrante del cristianismo con el fin de exponer su falsedad.

El estudiante estuvo de viaje por siete semanas, así que el judío tuvo suficiente tiempo para leer. Sin embargo, mientras avanzaba con la lectura un asombro sagrado le atravesó. A duras penas podía contraerse de exclamar: "Ah, que Jesús fuera mi Salvador!"

Habiendo completado la lectura, él estaba abrumado y perplejo, al punto que, a pesar de su deseo de encontrar razones para su enemistad contra Jesús, no había encontrado nada que justificara su odio por la fe en Cristo. Por el contrario, encontró que la lectura rondaba lo grande, sublime, celestial y divino.

En general, resolvió acusarse a sí mismo de simplicidad e incapacidad para discernir, por lo cual se prometió no abrir este libro de allí en adelante. En esta resolución persistió por algunos días. Pero las consolaciones e instrucciones celestiales que había leído, las cuales dejaron una honda impresión y un anhelo por la vida eterna allí prometida, no le permitieron descansar ni de noche ni de día. Así fue como resolvió leer el Nuevo Testamento una segunda vez. Ahora quería hallar con más detalle los argumentos necesarios para desmentir a Jesús y sus apóstoles, justificando así el odio que los judíos le profesaban.

De nuevo, el judío fue incapaz de encontrar en las páginas del Nuevo Testamento nada que fuera absurdo o que mereciera el título de falsedad. En su lugar hallaba consuelo para su mente atribulada, sabiduría y esperanza de inmortalidad que parecía rescatarlo de su mortal angustia sobre el futuro.

Todavía no podía confirmar sus prejuicios, así que emprendió una tercera lectura del Libro con la siguiente determinación: Si esta vez no descubro nada que merezca el odio de los judíos por Jesús y sus apóstoles, y su doctrina, yo me convertiré en cristiano; pero si mi deseo inicial es confirmado, yo detestaré para siempre la religión cristiana!"

Durante la tercera lectura de la historia de Jesús, sus doctrinas y sus promesas, él no pudo contener sus lágrimas; su alma estaba afectada de una manera indescriptible. Ahora él había sido derrotado. El amor de el más santo y amado entre los hombres había llenado su corazón. Habiéndose decidido en ser un cristiano, salió sin demora en busca de un ministro del Evangelio.

El estudiante retornó de su viaje, y trajo el dinero prestado más sus intereses con el objeto de recuperar sus libros. El judío les preguntó al joven si le vendería su Nuevo Testamento. El estudiante se rehusó en principio, pero cedió ante la propuesta: "¿Cuánto quiere por el libro?". "Un rix dólar (que era la moneda del momento en el imperio Alemán), me dejaría contento," fue la respuesta del joven. El judío procedió a abrir un cofre y entregarle una suma muchísimo superior a la solicitada. "Tome esto", dijo el judío, " y le pagare mucho más si usted así lo desea! Y si alguna vez le puedo ayudar en algo, tan solo pídamelo, y yo seré su amigo con toda diligencia!"

El estudiante estaba sorprendido, y al principio pensó que el judío se burlaba de él. Pero su nuevo amigo le relató cómo había cambiado su vida durante las tres lecturas del Nuevo Testamento, reprochándose el poco valor que le dio en principio. Además agrego: "Nunca me separaré de este libro, y ahora usted me permite tenerlo conmigo para siempre!" Desde entonces el judío fue un sincero cristiano.

En otro libro muy distinto, un exquisito libro de fotografía que ilustra la belleza de la creación de Dios, el autor y muchas veces galardonado fotógrafo Ric Ergenbright, se refiere a la gracia de Dios en su propia vida. Explica Ergenbright en su introducción a *The Art of God* (El arte de Dios):

"La semilla de este libro se sembró en mi infancia, durante largas noches de verano bajo las estrellas. Por supuesto, en aquel entonces no lo sabía, ni advertía que esa semilla estaba siendo regada por aquellas maravillosas noches de asueto con mis amigos. En aquel entonces solo se trataba del momento, y no había mejor forma de pasarlo que tumbarse en un mullido lecho de hierba, cubiertos por una manta de cálido aire nocturno, y observar los cielos y reflexionar con respecto a los eternos misterios de la vida.

¿A qué distancia está el infinito? ¿Cuánto dura la eternidad? ¿Cuántos granos de arena hay en todas las playas del mundo? Si la luz de la estrella más cercana tarda mil años en llegar a la Tierra, ¿cómo saber si esa estrella sigue ahí?

Nos hacíamos estas preguntas una y otra vez y reflexionábamos acerca de ellas para luego desecharlas frustrados hasta la noche siguiente, cuando volvíamos a plantearlas todas otra vez. Nuestras mentes corrían pero jamás llegaban a la línea de meta; igual que todos los que han reflexionado acerca de estos misterios anteriormente, no teníamos respuestas, solo preguntas.

Pero basándonos en todo lo que veíamos y examinábamos "desde los perfectos detalles de una pequeña flor hasta la inmensa bóveda de los cielos que nos cubrían", había una cosa clara: no éramos sino una pequeña pieza en un gigantesco rompecabezas, y el Hacedor de ese rompecabezas era un Dios todopoderoso e inescrutable.

Pronto los veranos de la infancia se perdieron en el recuerdo y dieron paso a la adolescencia, y las grandes preguntas con respecto a la vida fueron reemplazadas por preguntas menores y egoístas. Mi mirada se volvió hacia dentro y mi idea de Dios se fue disolviendo a medida que el dogma científico aprendido maquinalmente suplantaba a la fe nacida de la observación natural. Con el deseo de complacer a mis profesores y evitar las burlas de mis compañeros, recité el mantra de Darwin como un papagayo, tal como se esperaba de mí, y le negué a Dios la gloria de su creación. A menudo los nuevos descubrimientos dejaban a la vista vergonzosos descosidos en el tejido de la teoría macro evolutiva, pero mi orgullo me impedía ver las carencias filosóficas que revelaban. Simplemente confiaba en que la ciencia acabaría por remendarlos y validaría mi creencia. Pero no lo hizo. Los descosidos eran cada vez mayores, y cada vez era preciso ponerme unas anteojeras mayores para evitar ver lo obvio.

Luego, a mediados de los ochenta, algunos cambios de envergadura en mi vida volvieron a abrirme los ojos a la realidad de Dios: mi padre murió, mi campo de trabajo se desplazó de los viajes a la Naturaleza, y comencé a leer la Biblia. Lenta pero implacablemente las anteojeras se me fueron retirando, hasta que un día ya no pude negar la verdad que tenía ante mí: la perfección de los cielos y de la Tierra solo podía proceder de la mente de un Diseñador omnisciente, todopoderoso y amoroso, y nunca de la suma tiempo y azar.

Este descubrimiento no fue obra mía; fue exclusivamente por la gracia de Dios. Porque, tal como las observaciones de mi infancia habían dejado claro, había tenido las evidencias ante mí durante todo el tiempo. Pero en mi rebeldía no quería, ni podía, verlo hasta que Dios me abrió los ojos (Efesios 2:4-5)".[19]

La conversión de Ric Ergenbright no es tanto la historia de un fotógrafo de la National Geographic como la historia del poder regenerador de Dios. Todas y cada una de las millones de historias de esta asombrosa obra del Espíritu Santo son una obra de arte única. Este es el arte de Dios! Oramos para que pronto tu historia se sume a los millones de ellas que ya cuentan de la gloriosa gracia de Dios mediante la fe en Jesucristo.

La historia del género humano está llena de incontables vidas vacías sin Dios. Todas ellas son variaciones de la misma terrible historia de la búsqueda en que se embarca el hombre para encontrar algo que le haga feliz, independiente de Dios. ¡Todo lo que no sea Dios es un pobre sustituto de Él que jamás satisfará al corazón humano! Solo podemos hallar la verdadera satisfacción y la vida eterna en Él.

¿Ves tu necesidad de una nueva vida en Cristo? Entonces pide al Señor que tenga misericordia de ti **ahora**. No vaciles: Él es un Salvador dispuesto y poderoso. No lo postergues: nadie te garantiza el día de mañana, ni tan siquiera una hora más, porque él dice: «En el momento propicio te escuché, y en el día de salvación te ayudé.» Les digo que éste es el momento propicio de Dios; ¡hoy es el día de salvación!" (2 Corintios 6:2). El carcelero de Filipos, al advertir lo desesperado de su situación, clamó al apóstol Pablo y a Silas: "Señores, ¿qué debo hacer para ser salvo". Ellos le respondieron con toda la autoridad de Cristo mismo: "Cree en el Señor Jesucristo; así tú y tu familia serán salvos!" (Hechos 16:30-31).

Dios nos demostró su amor enviándonos a Jesucristo, que cumplió a la perfección su voluntad y obedeció su ley en su totalidad, cosa que nosotros jamás podríamos hacer. No lo hizo por su propio pecado, sino por el nuestro. Confiesa tus pecados a Dios y cree en Cristo como el Hijo de Dios que murió en la Cruz, resucitó de los muertos al tercer día y se apareció como el Señor vivo. Dios imputa la justicia de Cristo a quienes confían en Él. Acepta el sacrificio de Cristo como el pago completo del castigo que merecemos. Estas son las buenas noticias que amamos y confesamos públicamente ante todos cuando nos bautizamos.

Todo se reduce a esto: debes confiar exclusivamente en el Señor Jesucristo para tu salvación. El mismo Espíritu de Dios que te guía a creer te dará un nuevo corazón para que confíes en Cristo.

# 7
# Apéndices

## Apéndice 1

San Agustín,

Teólogo de la gracia y de la libertad

*CAPITULO XXX*

**La reparación del hombre no es debida a sus méritos o al libre albedrío, sino a la gracia de Dios.**

Esa porción del género humano a quien Dios prometió la liberación y el Reino Eterno, ¿acaso podrá ser liberada por los méritos de sus propias obras? De ningún modo. Pues ¿qué bien puede realizar quien está perdido, a no ser que sea libertado de la perdición? ¿Acaso podrá librarse por el libre albedrío de su voluntad? En ninguna manera. Al contrario, usando mal el hombre del libre albedrío, se perdió a sí mismo y también su libre albedrío. Pues del mismo modo que quien se suicida se mata cuando aún vive, pero al quitarse la vida deja de existir, y después de muerto no puede darse a sí mismo la vida, así también pecando el hombre por el libre albedrío, lo perdió por el triunfo del pecado, "puesto que cada cual es esclavo de quien triunfó de él" (2ª Pedro 2:19, NC). Esta observación es del apóstol Pedro y es indiscutiblemente verdadera.

Pregunto pues: ¿qué libertad puede tener un esclavo del pecado fuera de que le deleita el pecar? A todas luces solamente sirve libremente el que con gusto ejecuta la voluntad de su señor. Y según esto, quien es esclavo del pecado es libre para pecar. En consecuencia, no será libre para obrar justamente hasta que, libertado del pecado, comenzará a ser siervo de la justicia.

La verdadera libertad consiste en la alegría del bien obrar, y es a la vez piadosa servidumbre porque obedece a la ley. Pero ¿de dónde le vendrá al hombre, encadenado y vendido, esta libertad, sino por el rescate de aquel que dijo:

*"Si el Hijo os libraré, seréis verdaderamente libres"*? (Juan 8:36, NC). Y antes de que esta liberación empiece a realizarse en el hombre, cuando todavía no es libre para el bien obrar, ¿cómo se podrá gloriar del libre albedrío o de obra alguna buena, a no ser que se enorgullezca, hinchado por la soberbia? Y el apóstol reprime ésta cuando dice: *"De gracia habéis sido salvados por la fe"* (Efesios 2:8, NC).

## *CAPÍTULO XXXI*

### La Fe y las Buenas Obras son don de Dios

Y para que nadie se atribuya a sí mismo aún el mérito de la misma fe, sin entender que ésta también es dádiva de Dios, el mismo apóstol que en otro lugar dice que él, para ser fiel, había alcanzado misericordia (1ª Corintios 7:28), aquí prosigue diciendo: *"Y esto no os viene de vosotros, es don de Dios; no viene de las obras, para que nadie se gloríe"* (Efesios 2:8-9, NC). Y para que nadie piense que a los fieles habían de faltarles buenas obras, añade: *"Hechura suya somos, creados en Cristo Jesús, para hacer buenas obras, que Dios de antemano pre-*

*paró para que en ellas anduviésemos"* (Efesios 2:10, NC). Llegamos, pues, a ser verdaderamente libres cuando Dios nos modela, esto es, forma y crea, no para que seamos hombres, lo cual ya hizo antes, sino para que seamos hombres buenos, lo cual verifica en el tiempo presente con su gracia, para que seamos nueva criatura en Cristo Jesús, según está escrito: *"Crea en mi, ¡oh Dios!, un corazón limpio"* (Salmo 51:10, RV). Pues su corazón, como miembro del cuerpo humano, ya lo había creado Dios, pero el salmista suplica la renovación de la vida aún subsistiendo en él.

## *CAPÍTULO XXXII*

## La Buena Voluntad Proviene de Dios

Asimismo, si alguno se incline a gloriarse, no ya de las obras, sino del libre albedrío, como si procediere de él el mérito, pensando que ese albedrío al bien obrar le era regalado como premio debido, oiga al mismo pregonero de la gracia, que dice: *"Dios es el que obra en vosotros el querer y el obrar, según su beneplácito"* (Filipenses 2:13, NC). Y del mismo modo en otro lugar: *"Por consiguiente, no es del que quiere ni del que corre, sino de Dios, que tiene misericordia"* (Romanos 9:16, NC). Es cierto que el hombre, si es de tal edad que ya usa de la razón, no puede creer, ni esperar, ni amar, si no quiere, ni llegar al premio de la celestial vocación de Dios, si no concurre con su voluntad. ¿Cómo, pues, *"no es del que quiere, ni del que corre, sino de Dios, que tiene misericordia"*, a no ser porque la voluntad misma, como está escrito, es preparada por Dios? Por el contrario, si se ha dicho: *"No es del que quiere ni del que corre, sino de Dios que tiene misericordia"*, porque esto depende de las dos, es decir, de la voluntad del hombre y de la misericordia divina, de tal modo que entendamos este dicho: *"No es del que quiere ni del que corre, sino de Dios, que tiene misericordia"*, como si se dijera que no basta la sola voluntad del hombre, si no la acompaña la misericordia de Dios; luego tampoco sería suficiente la misericordia de Dios si no la acompañara la voluntad del hombre. Y si, porque la voluntad humana sola no es suficiente, se dijo rectamente: *"No del que quiere ni del que corre, sino de Dios, que tiene misericordia"*, para indicar que no es suficiente la sola voluntad del hombre, ¿por qué, por el contrario, no se podría decir rectamente, *"No de Dios que tiene misericordia sino del hombre que quiere"*, puesto que la sola misericordia de Dios tampoco es suficiente? Sin duda, si ningún cristiano se atrevería a decir: "No de Dios, que se compadece, sino del hombre que quiere", para no contradecir abiertamente al apóstol, es lógico que la interpretación fiel de la frase *"No es del que quiere ni del que corre, sino de Dios, que tiene misericordia"* es que todo se atribuye a Dios, quien tanto hace buena la voluntad, así preparándola para la ayuda, como la ayuda, una vez preparada la voluntad.

La buena voluntad del hombre precede a muchos de los dones de Dios, pero no a todos; y entre aquellos a los que no precede se encuentra ella misma. Ambas cosas se leen en las Sagradas Escrituras: *"La merced de mi Dios me precederá"* (Salmo 59:11, NC) y: *"Su misericordia me seguirá"* (Salmo 23:6, RV). Al que no quiere, previene para que quiera; y al que quiere, acompaña para que no quiera en vano. Pues, ¿por qué se nos manda rogar por nuestros enemigos (Mateo 5:44), que en verdad no quieren vivir piadosamente, sino para que Dios obre en ellos el querer mismo? Y del mismo modo, ¿por qué se nos manda pedir para que recibamos (Mateo 7:7), sino para que Aquel que en nosotros ha creado el querer, pueda también satisfacerlo? Luego rogamos por nuestros enemigos para que la misericordia de Dios les preceda, como nos precedió a nosotros también; y rogamos por nosotros para que Su misericordia nos acompañe.

(Es verdad que Dios atrae a los hombres de acuerdo con la voluntad de los mismos y no forzándoles, pero es Él quien les ha dado tal voluntad.)

## Apéndice 2

LIBROS RECOMENDADOS

1. *El Cristiano, Ese Desconocido,* por José Grau
2. *Conversión o Perdición,* por José Grau
3. ¿Ha Hablado Dios?, por José Grau
4. *Buenas Noticias*, por José Grau
5. *En Defensa de Dios: Creer en Una Época de Escepticismo,* por Timothy Keller
6. *No Desperdicie su Vida,* por John Piper
7. *Gracia por Medio de la Fe,* por C. H. Spurgeon
8. *Cristianismo* Básico, por J.R.W. Stott
9. *Por qué Creo en Dios,* por Cornelius van Til
10. *Últimas Preguntas,* por J. Blanchard
11. *El Cristianismo Real,* por William Wilberforce
12. Por Juan S. Boonstra: Sermones Prácticos Sobre Temas Vigentes –

Tomo 1: *El Evangelio en Nuestro Mundo.*
Tomo 2: *La Familia en Nuestro Mundo*
Tomo 3: *La Verdad en Nuestro Mundo*

13. *Regeneración Decisoria,* por Jaime Adams

## Apéndice 3

OBRAS CITADAS

1. *Cristianismo Básico,* John R. W. Stott, p. 11, Ediciones Certeza.
2. *Institución de la Religión Cristiana,* Juan Calvino, Tomo I, p. 6, traducido por Cipriano de Valera, Fundación Editorial de Literatura Reformada.
3. ¿Quién es Cristo Hoy?, René Padilla, p. 34, Ediciones Certeza.
4. *Conversión o Perdición,* José Grau, p. 52, Ediciones Europeas Evangélicas.
5. ¿Conoces?, Moisés Silva, p. 20, El Estandarte de la Verdad.
6. *Institución de la Religión Cristiana,* Calvino, p. 3, Fundación Editorial de Literatura Reformada.
7. *Un Príncipe Olvidado,* lain H. Murray, pp. 98-99, El Estandarte de la Verdad.
8. *El Otro Cristo Español,* Juan A. Mackay, pp. 48-50, con permiso de Cupsa, Apartado 97 Bis, México 1, D. F., y de La Aurora, Buenos Aires, Argentina.

9. *El Evangelio en Nuestro Mundo* (Vol. 1), Juan S. Boonstra, p. 248, El Estandarte de la Verdad.
10. El Cristo de Velazquez, Miguel de Unamuno, p. 145.